问题青少年教育矫正管理丛书 主编◎苏春景

EDUCATION,CORRECTION AND MANAGEMENT OF PROBLEM YOUTH SERIES

青少年人际关系
发展与社会适应

郑淑杰　张明浩◎著

中国社会科学出版社

图书在版编目（CIP）数据

青少年人际关系发展与社会适应/郑淑杰等著 . —北京：
中国社会科学出版社，2018.5
ISBN 978 - 7 - 5203 - 2750 - 3

Ⅰ. ①青… Ⅱ. ①郑… Ⅲ. ①人际关系学—青少年读物
Ⅳ. ①C912. 1 - 49

中国版本图书馆 CIP 数据核字（2018）第 146465 号

出 版 人	赵剑英
责任编辑	张　林
特约编辑	王　萌
责任校对	周晓东
责任印制	戴　宽

出　　版	中国社会科学出版社
社　　址	北京鼓楼西大街甲 158 号
邮　　编	100720
网　　址	http://www.csspw.cn
发 行 部	010 - 84083685
门 市 部	010 - 84029450
经　　销	新华书店及其他书店

印　　刷	北京明恒达印务有限公司
装　　订	廊坊市广阳区广增装订厂
版　　次	2018 年 5 月第 1 版
印　　次	2018 年 5 月第 1 次印刷

开　　本	710×1000　1/16
印　　张	13
插　　页	2
字　　数	165 千字
定　　价	58.00 元

问题青少年教育矫正管理丛书

主　　编：苏春景

副 主 编：郑淑杰　张济洲

编委会名单：（按姓氏笔画为序）

王　丹　王陵宇　孔海燕　苏春景

李克信　张济洲　郑淑杰　单爱慧

梁　静　董颖红

自 序

初中生处于青春期，是人生重要的转折期。青春期的孩子生理迅速发育，直观可感的是身高的变化，他们不再仰视父母和老师，可以平视甚至俯视成人，这种视觉的变化带来的是心理的悸动。他们不再天真烂漫而是有了掩饰，他们更愿意与朋友在一起而不是父母，他们希望受到成年人的尊重而不是指手画脚……

如何与他人相处和交往是青春期孩子们面临的挑战，与此同时，重要他人（父母、同伴）对青春期孩子产生着怎样的影响，是一个复杂的问题，是心理学一直关注且进行了大量研究，并会继续深入研究的领域。

在我国，对亲子关系、同伴关系已有大量的研究，但是，被试者多取自城市，对农村青少年发展的关注不够；研究多为横断研究，缺少纵向追踪的设计；由于研究方法的局限，国内外对同伴团体的关注有限。鉴于已有研究的上述局限，本书使用纵向4年的追踪数据，被试者选自城市和农村，研究亲子关系、同伴关系、朋友关系（友谊）、同伴团体的发展，及其社会适应功能。

本书是山东省教育科学"十一五"规划重点课题"农村初中生亲子关系及其对学校适应影响的追踪"（课题编号2010GZ107）的研究成果。郑淑杰负责课题的设计、数据收集、书稿撰写和校对工作，张明浩负责数据的整理、统计和分析工作。

本书可作为心理学专业学生、教师的教学、科研参考资料，亦适合青少年的家长作为了解青少年、提高父母教养水平的学习材料。

在完成书稿过程中，参阅了大量公开出版的文献，在此一并表达笔者的谢意！由于时间仓促、水平有限，疏漏和错误在所难免，恳请同行学者及广大读者批评指正！

目　　录

绪　　论

一　研究背景

一个人从出生时的生物实体发展成为社会实体，是在与人的交往过程中实现的，交往中所形成的人际关系又是社会实体发展的表现。在漫长的成长过程中，父母、同伴是儿童的重要"他人"，这些重要"他人"以及与重要"他人"交往所形成的人际关系对一个人的发展产生着深远的影响。

进入青春期的少年更愿意与同龄人在一起，希望得到同龄人的认可；他们与父母在一起的时间减少，在心理上有独立于父母的需求。因此，青春期的亲子关系和同伴关系表现出此消彼长的发展趋势，同时又相互影响着。拥有朋友是高质量同伴关系的体现，也是青少年发展的积极因素。除了拥有亲密关系的朋友，青少年还喜欢三五成群地形成小圈子（团体）一起消磨时光。亲子关系、同伴关系、同伴团体，是青少年社会适应发展的重要内容。

亲子关系和同伴关系，在发展心理学领域得到了很多研究者的关注，研究成果丰硕。在我国，上述领域的研究，被试者多取自城市，对农村青少年发展的关注不够；研究多为横断研究，缺少纵向追踪的设计；由于研究方法的局限，国内外对同伴团体的关注有限。所以，本书使用纵向四年的追踪数据，被试者选自城市和农村，研究亲子关系、同伴关系、朋友关系（友谊）、同伴团体的发展，及其社会适应功能。

社会适应是指个体使自己的行为符合社会环境要求和改变社会环境使自己能够获得发展的行为和能力。本书将社会适应具体分为八个变量，即社会能力（教师评价和同伴评价）、亲社会行为、攻击行为、违纪/被排斥、焦虑退缩、孤独、抑郁和学业成就。

二 研究方法

（一）被试者

本书从山东省某市区一所初级中学、某镇的一所初级中学选取初一学生（两所学校共计有 746 名学生参加）作为本书研究的被试者，在每年的 5 月收集一次数据，一直追踪到初四，由于被试者流失及转学等原因，各年级被试者人数不完全一致。

（二）研究工具

1. 同伴团体提名

我们要求被试者回答：（1）你是否经常和你班级里的某些人待在一起？如果是，请写出他们的号码。（2）你们班里是否还有别的人经常待在一起，形成一个小圈子？如果有，请分别写出每个小圈子所包括的人的号码（见附录 A）。同伴团体是根据被试者间同时被提名为同一个团体的频率来确定的（Cairns et al.，1994）。

2. 班级戏剧

本书在马斯滕（Masten）等 1985 年编制的《班级戏剧》基础上进行了修订，共包括 45 个描述儿童社会功能的题目（见附录B）。我们对全班集体施测，要求被试者根据问卷上描述的特征列举同学的号码，一个题目（角色）最多列举三个同伴，一个人可以"演"多个角色，没有合适的人选可以空缺。按照被试者在每个题目上所得到的总提名次数，以班级为单位转换为标准分数。

对班级戏剧结果进行因素分析后，本书抽取了涉及社会适应的两个因素——攻击行为（7个题目）和社会能力（21个题目），社会能力包括了领导力、遵守纪律、社交等。攻击行为内部一致性系数从初一至初四在0.85以上，社会能力的内部一致性系数从初一至初四在0.8以上。已有研究证明，该测验的中文版施测于本研究年龄段被试者是有效的、可信的（Chen et al.，1995）。分数高，表示攻击行为多、社会能力强。

在班级戏剧中，将积极提名相加获得积极提名，将消极提名相加获得消极提名。根据皮里（Peery，1979）的分类标准——社会影响度（积极提名和消极提名之和）和社会喜好度（积极提名减消极提名），将被试者在同伴中的地位区分为四类：受欢迎型——社会影响和社会喜好都高于平均数；退缩型——社会影响和社会喜好都低于平均数；被拒绝型——社会影响高于平均数、社会喜好低于平均数；友好型——社会影响低于平均数、社会喜好高于平均数。

3. 行为评定量表（教师用）

我们采用的是海托华（Hightower）等人1986年编制的教师—儿童评定量表（Teacher-child Rating Scale，T-CRS），其共52个题目（见附录C）。班主任对学生的社会行为从"一点也不符合"到"完全符合"进行评定，分别记为1—5分。分数高表示程度强或者水平高。已有研究表明，该问卷在中国文化背景下具有可接受的效度（Chen et al.，1995）。

因素分析后本书抽取了焦虑退缩、亲社会行为、违纪/被排斥、社会能力四个维度，四个维度分别包括7、7、14和20个题目。焦虑退缩的内部一致性系数从初一至初四在0.70以上，亲社会行为的内部一致性系数从初一至初四在0.82以上，违纪/被排斥的内部一致性系数从初一至初四在0.74以上，社会能力的内部一致性系数从初一至初四在0.85以上。社会能力包括的20个题目，包含了四个相互重叠的方面，即挫折耐受性、社交技能、任务取向、同伴交往技能。

4. 人际关系问卷

本书采用的是前人编写的人际关系问卷。该问卷由儿童填写，内容包括母子关系（母子冲突、母子亲和）、父子关系（父子冲突、父子亲和）和朋友关系（朋友冲突、朋友亲和）三个部分，每个关系由 8 个题目测量，问卷共 24 个题目（见附录 D）。

测量母子冲突、父子冲突和朋友冲突的题目分别为 3 个，测量母子亲和、父子亲和、朋友亲和的题目分别为 5 个。采用五级计分制，分数高表示冲突激烈、亲和程度高。

从初一到初四，内部一致性系数如下：母子冲突在 0.79 以上、父子冲突在 0.81 以上、朋友冲突在 0.82 以上，母子亲和在 0.80 以上、父子亲和在 0.78 以上、朋友亲和在 0.81 以上。

5. 孤独感问卷

本书采用的是亚瑟（Asher）等编制的儿童孤独感自我评定量表（见附录 E）。该量表包含 16 个题项，其中有 6 个题目需要反向计分，为五级评定量表，从"完全符合"到"完全不符合"，分别记作 1—5 分。计算每个儿童在 16 个题项上的总分，分数越高，表明孤独感越强烈。在本书研究中，孤独感的内部一致性系数从初一至初四分别为 0.87、0.90、0.88 和 0.85。

6. 抑郁问卷

本书采用的是科瓦斯（Kovas）编制的儿童抑郁量表（见附录 F）。该量表共有 13 个题项。其中 6 个题目为反向计分，13 个题目的总分数为抑郁的分数。分数高表示抑郁程度高。每个题目由关于同一内容的三个描述句组成，这三个描述分别反映了正常反应、中度抑郁症状和严重抑郁症状，分别记为 0 分、1 分和 2 分。我们要求被试者选择其中一个最符合自己情况的描述。本书研究中，抑郁的内部一致性系数从初一至初四分别为 0.71、0.86、0.83 和 0.82。

7. 朋友提名

我们询问被试者在班级里是否有好朋友，如果有，按顺序写出号码（见附录 G）。根据提名结果，区分了四种友谊：（1）双向友谊（相互提名为好朋友的个体）；（2）他人提名单向友谊（被他人提名为好朋友但没有提名对方的个体）；（3）自己提名单向友谊（提名他人为好朋友但没有被对方提名的个体）；（4）无友谊（不提名他人也未被他人提名的个体）。

8. 学业成就

初一、初二分别以被试者期末语文、数学和英语三科成绩作为衡量学业成就的指标，初三、初四分别以语文、数学、英语、物理、化学五科成绩作为衡量学业成就的指标。各科成绩在本校年级内标准化后，将各科标准分相加后的平均数作为被试者的学业成就。

（三）统计软件

1. SCM

本书使用 SCM 4.0（Social Cognitive Map）来确定学校中的同伴团体。覆盖矩阵（Recall Matrix）列出班级每一位成员的提名。共生矩阵（Co-occurrence Matrix）列出每一位学生的提名频率。相关矩阵（Correlation Matrix）列出被提名为团体内的学生与其他学生之间的相似性。根据前人（Ellis et al.，2007）的研究，将一般相似性 $r \geq 0.40$ 认为是显著的，并确定为这些被试者在同一个团体里。

确定团体属性。将团体里两个获得提名次数最多的人确定为在团体中处于核心地位的成员，这两个人被提名次数的平均数即为他们所属团体的社交地位指标（即中心性指标 CI，Centrality Index）。"核心团体"是指那些 $CI \geq (0.70 \times CIh)$ 的团体，其中 CIh 是班级社交团体 CI 排名最高的那个团体中的被提名最多的两个人平均被提名次数。"次级团体"是 $(0.30 \times CIh) < CI < (0.70 \times CIh)$ 的团体。"边缘团体"是 $CI \leqslant (0.30 \times CIh)$ 的团体。

确定个体在所属团体中的社交地位。将团体里两个获得提名次数最多的成员确定为处于团体核心地位，这两个人的平均被提名次数即为他们所属团体的社交地位指标（即中心性指标 CI，Centrality Index）。"核心成员"是被提名次数 $\geqslant (0.70 \times CIi)$ 的成员，其中 CIi 是个体所属团体的中心性指标 CI。"次级成员"是 $(0.30 \times CIi) <$ 被提名次数 $< (0.70 \times CIi)$ 的成员。"边缘成员"是被提名次数 $\leqslant (0.30 \times CIi)$ 的成员。

2. HLM

本书使用多层线性模型软件（HLM）分析随时间表现出的变化趋势。HLM 第一层模型（见方程 1）主要考察被试者人际关系随时间（年级）变化的发展轨迹。时间变量包括四个水平，即初一、初二、初三和初四，分别用 1、2、3、4 代替。为使截距 B0i 的解释更为合理，将原来的年级数值减去 1，转变为 0、1、2、3。转换后，B0i 代表被试者在初一时的人际关系。

$$Yij = B0i + B1i \times （年级 - 1） + \varepsilon ij \qquad (1)$$

在第二层模型中，以第一层模型中的截距（B0i）以及时间的斜率为因变量，考察被试者间变量性别对被试者人际变化发展趋势的影响，方程如下：

$$B0i = G00 + G01 （性别） + U0i \qquad (2)$$
$$B1i = G10 + G11 （性别） + U1i \qquad (3)$$

3. SPSS

本书使用 SPSS 进行方差分析和 t 检验。

参考文献

Asher S. R. , Hymel S. & Renshaw P. D. (1984), Loneliness in children. *Child Development*, 55 (4), pp. 1456 – 1464.

Chen X. Y. (1994), Family Conditions, Parental Acceptance and Social Competence and Aggression in Chinese Children. *Social Development*, 3 (3), pp. 269 – 290.

Cairns R. B. & Cairns B. D. (1994), *Lifelines and Risks: Pathways of Youth in Our Time*. Cambridge: University Press.

Chen X. Y. , Rubin K. H. & Li Z. Y. (1995), Social Functioning and Adjustment in Chinese Children: A Longitudinal Study. *Developmental Psychology*, 31 (4), pp. 531 – 539.

Ellis W. E. & Zarbatany L. (2007), Peer Group Status As a Moderator of Group Influence on Children's Deviant, Aggressive, and Prosocial Behavior. *Child Development*, 78 (4), pp. 1240 – 1254.

Kovacs M. (1992), *The Children's Depression Inventory (CDI) Manual*. Toronto: Multi-Health Systems.

Peery J. (1979), Popular, Amiable, Isolated, Rejected: A Reconceptualization of Sociometric Status in Preschool Children. *Child Development*, 50 (4), pp. 1231 – 1234.

第 一 章

同伴团体

第一节　文献综述

一　概念界定

同伴是影响个体社会化的重要因素。初中生处于青春期，独立的需求促使他们在心理上远离成人而趋近同龄人，他们往往与同龄人"三个一群"、"五个一伙"地交往，成为一个小团体。这种因年龄相仿，爱好、兴趣、人生态度、价值观、行为方式以及社会地位等方面比较接近或相似的人所组成的社会群体，称为同伴团体（Peer Group），也称为同辈团体、同龄群体、伙伴群体（周晓虹，1997）。

二　同伴团体特征

（一）自发形成

同伴团体是个体在交往中逐渐形成的，彼此之间因兴趣、爱好、志向相似而相互吸引，不需要外界的强制来维系（杨渝川、郑淑杰等，2002）。因此，这种团体也称为非正式团体（informal group），以区别于正式团体（班级、团支部等）。正式团体有准确的成立时间，而非正式团体则没有，其形成是渐进式的。

（二）团体规范

团体一旦形成，则会出现约束成员观念、行为的准则，即团体规范。团体规范自发形成，往往没有书面形式。团体成员认可、维护、执行团体规范，对违反规范的成员予以压力。团体的规范既增强了团体内的一致性和凝聚力，也将本团体与其他团体区分开来。而且团体会根据情境的需要对其行为规则进行调整。

（三）结构松散

因其自发形成的原因，同伴团体不像正式团体那样有清晰的结构，而是呈现出结构松散的特点。从支配与服从的关系来看，部分团体成员成为团体内的支配者，而另一些成员则成为追随者。这种支配结构，有助于团体的决策与维持。

（四）凝聚力强

同伴团体虽然自发形成、结构松散，但团体的凝聚力很强。成员间相互保守秘密，会为团体目标（如周末远足）实现而克服困难、相互鼓励，面对困难时共同应对。

（五）稳定性与变化性

团体的稳定性是指，构成一个团体的多数成员在一个时期内相对稳定，保证特定团体在时间维度上的不变。团体的变化性是指，构成团体的成员不是一成不变的，少数成员会流失、淡出团体，同时又有新成员加入团体。团体一直是稳定性与变化性的有机统一。

三 同伴团体功用的理论依据

（一）群体社会化发展理论

行为遗传学对儿童个体发展差异的解释不尽如人意，不能证明家庭是导致个体之间发展差异的原因。于是，美国心理学家哈里斯提出了家庭之外的群体环境是导致儿童发展差异的重要原因的观点，并对其进行了系统的阐述，这一思想被称为"群体社会化发展理论"（Group Socialization Theory of Development）。群体社会化发展理论从宏观的视角论证了同伴群体对儿童发展的作用。

社会化是指人从生物实体成长为社会实体的过程，个体形成了为其生存环境所认可的行为、情感、认知模式（郑淑杰，2012）。

该理论的核心观点为：社会化是通过高度情境化学习形式而得以实现的，在家庭内外两个情境下，儿童独立地习得两套行为系统，这两套行为系统的学习方式和强化途径各不相同。一套用来适应家庭内部的生活，一套用来适应社会上的生活。家庭对年幼儿童最初社会化有重要影响，但这些影响后来逐渐减弱、淡化，被群体影响所取代。

哈里斯（1995）认为，社会文化的传递不是在家庭中个体（父母）对个体（儿童）的传递，而是群体（祖代）对群体（子代）的传递和群体内部的传递（同伴群体向每一个群体成员传递）。祖代所倡导和传递的社会文化，通过子代（同伴）群体的过滤而被其成员接受。儿童同伴群体一旦形成，就成为儿童社会化发展的主要场所（陈会昌等，1997）。

群体社会化发展理论认为，导致个性差异的机制包括：群体（团体）间对比和群体（团体）内的同化与分化。同伴团体的成员在年龄、爱好、兴趣、人生态度、价值观以及社会地位等方面比较接近或相似，这种相似或者接近，使一个团体区别于其他的团体，表现出了团体差异和对比。如男孩团体、女孩团体内的相似性都是性别同质，男孩团体与女孩团体的团体间差异是性别不同。观察显示，男孩和女孩单独玩耍时，两性之间表现出的行为差异较小，而在以性别划分的团体中，两性之间的行为差异最为突出。在男孩团体和女孩团体的对比中，两性都增强了各自的性别行为特征。即在有其他团体存在时，团体间的差异增加，团体内的差异减少。

团体内的同化是指团体内成员趋于一致，通过成员间的相互模仿，要求成员遵从团体规范等方式，实现了成员间的趋同、相似。在某些方面团体成员趋于一致的同时，团体成员在其他方面会表现出差异。如团体是有结构的，有的成员处于领导地位，而有的成员处于被领导、服从的地位，这反映了成员社会地位的差异。这种社会地位的差异往往有长期效应，童年早期在同伴团体中处于领导地位的个体，在后期各阶段的同伴团体中会经常扮演领导的角色，而那些童年早期在同伴团体中社会地位较低的个体，很难成为团体的领导者（郭培方，1998）。

（二）社会认同理论

诞生于 20 世纪 70 年代的社会认同理论，从微观方面论证了群体对个体影响的心理机制。该理论的基本假设是：社会是一个由诸多群体组成的异质性集合体，个体通过群体成员身份来认识自我，个体与社会就发生了联系（王卓琳等，2013）。社会分类、社会比较和积极区分是社会认同的基本过程。

为简化认知，将纷繁复杂的社会现象分门别类，是认知的基本过程。这个类可以是具体的、通过面对面互动形成的群体，如竞赛团队、学习小组，也可以是心理层面的、没有具体互动的群体，如白领阶层、上海人。

社会比较最初由费斯廷格提出，指个体找不到一个客观标准评价自己时，则会以他人为参照系，通过与他人比较来评价自己。社会认同理论将个体间的比较推广到群体间。通过社会分类，个体对自己所隶属群体（内群体）产生认同，夸大内群体与外群体（自己不隶属的群体）的差异，群体内差异被低估。群体间的比较使社会分类的意义更为明显，以群体为参照框架来认识自己和他人。

社会认同理论认为，个体有追求积极自尊的基本动机。这种动机通过用正面特征标定内群体（内群体偏爱）、用负面特征标定外群体（外群体贬损）而实现，这就是积极区分。使用微群体范式

（Minimal-Group Paradigm）的实验发现，个体会对内群体成员给予更积极的评价、分配更多的资源，这就是内群体偏好；相应地出现外群体贬损，即对外群体成员给予消极的评价、分配较少的资源。

通过社会分类、社会比较和积极区分的过程，个体建立了对内群体的社会认同。

（三）社会强化理论

该理论也是从微观视角解释团体对其成员的影响。在团体中，团体成员奉行着与多数成员保持一致的规则，一旦与团体成员行为不一致时，就会遭受来自团体其他成员的压力——嘲讽和排斥。个体为减轻压力，不得不与团体成员保持一致，使成员获得和保持符合团体规范的行为（Brown，1986）。Dishion 1996 年的研究显示，行为失范青少年，在朋友谈论破坏行为规则话题时，表现出的反应是大笑和积极情绪，而行为符合规范的青少年只对积极的话题表现出积极的情绪。社会强化和压力策略可以起到保持团体认同、测试成员对团体忠诚度的作用。

四 实证研究

（一）加入团体的重要性

Gavin 1989 年使用自我报告的方法，以五至十二年级的学生（312 人）为被试者，将被试者分为四个年龄段：前青少年期（五、六年级 85 人）、青少年早期（七、八年级 107 人）、青少年中期（九、十年级 73 人）、青少年晚期（十一、十二年级 47 人）。研究发现，青少年早期和青少年中期比前青少年期和青少年晚期更重视加入团体，成为团体的一员；与女孩相比，男孩更看重加入团体，成为团体的一员。

（二）对新成员的接纳程度

已形成的团体，其成员不是固定不变的，有新成员加入也有老成员的退出。在接纳新成员以及团体的开放性方面，女孩比男孩更开放（Gavin，1989）。

（三）团体规模

团体规模是指团体成员人数。由于被试者年龄以及各研究对团体界定的指标不同，研究结果存在一定的差异。塔伦特（Tarrant，2002）以155名14—15岁的英国青少年（白种人）为被试者的研究发现，团体的规模为7.22人（SD = 2.90），男性团体和女性团体的规模差异不显著。埃利斯（Ellis，2007）以五至八年级的加拿大儿童为被试者的研究显示，团体的规模从3—21人不等（M = 7.56）。混合团体的人数（M = 8.33）显著多于女性团体的人数（M = 5.79）。男性团体和女性团体的人数差异不显著。八年级团体规模（M = 8.67）显著大于六年级团体规模（M = 4.65）和五年级团体规模（M = 5.44），与七年级团体规模（M = 6.19）无差异。阿曼达（Amanda，2009）以澳大利亚白人儿童（8.92—13.92岁）为被试者，研究结果发现，团体人数的上限是12人。哈姆（Hamm，2011）以1741名六年级的美国儿童为被试者的研究显示，团体规模为2—15人，平均4人（SD = 2.8）。伯杰（Berger，2012）以576名五至六年级的智利学生为被试者，间隔一年进行了两次测量，第一次测量，被试者的年龄为10.4—13.3岁（298名女孩、278名男孩），第二次测量有479名儿童参加（233名女孩、246名男孩）。使用同伴提名方法，通过SCM程序划分同伴团体。结果发现，第一次测量的团体规模为3—16人不等（M = 7.0，SD = 3.7），第二次测量的团体规模为3—15人不等（M = 6.6，SD = 2.7）。

（四）团体类别

团体类别是指构成团体的两性比例。塔伦特（Tarrant，2002）认为同伴团体以同性别的居多，88%的男孩报告他们的团体要么全是男性，要么绝大部分成员为男性；75%的女孩报告她们的团体要么全是女性，要么绝大部分成员为女性。在中国的研究结果显示，同伴团体绝大部分是同性别的（男生团体 44 个，女生团体 55 个，混合性别团体 18 个）（杨渝川等，2003）。在澳大利亚的研究结果显示，在 57 个团体中只有一个是混合团体，其他皆为同性别团体。在团体规范为欺凌的团体中，男孩人数显著多于女孩（Amanda，2009）。在美国的研究显示，88%的团体（共 414 个团体）是同性别的（Hamm，2011）。

以智利儿童为被试者的一年追踪研究发现，第一次测量，只有 10.5%的混合团体，这些混合团体的构成是：以某一个性别成员为主，只有一个异性成员（异性成员从 1/3 至 1/15 不等）。所以，所有的团体都视为同性别团体（59.2%的女性团体，40.8%的男性团体）。一年后，有 6.8%的团体是性别混合团体，其中 5 个团体只有一名异性（团体的规模从 3 人至 7 人不等），只有一个团体有均衡的性别构成（5 比 6）。所有团体都被认定为同性别团体（48.8%男性，51.2%女性）（Berger，2012）。

（五）个体在团体中的地位

个体在团体中的地位是指被提名为某一团体的次数（详见绪论部分）。Gavin 1989 年的研究发现，青少年（五至十二年级的学生）早期的团体中，存在领导者与非领导者之分，这种区分随着年龄增长表现出下降趋势，到青少年晚期领导者与非领导者的区分不明显，但仍然存在。与女性团体相比，男性团体中表现出更多的领导者与非领导者的区别。

（六）团体的稳定性

团体的稳定性是指团体成员跨时间保持在同一个团体中。凯恩斯（Cairns，1995）的研究发现，在四至七年级中有 90%的团体是稳定的（团体至少保持了原来成员的 50%）。尽管团体稳定，但是成员在变化，只有2%的团体其成员没有变化。

伯杰（Berger，2012）以智利儿童为被试者的研究发现，经过一年的时间，只有2.6%（n＝9）的团体成员没有变化；58.9%（n＝351）的团体成员稳定（有超过50%最初的成员仍在一个团体中）；剩余31.6%（n＝162）的团体成员分散到其他团体；7.9%（n＝25）的团体解散了。一年中有198个成员（42.7%）与原来的团体分离（加入新团体、不参加任何团体等），266个成员（57.3%）仍稳定在原来的团体中。在性别变量上，稳定和变化的成员无差异；但存在年级差异，与六年级被试者相比，五年级的成员更愿意保留在原来的团体。那些变换团体的成员，被同伴评价具有消极特征（第一次测量的结果为：受同伴欢迎程度低、不喜社交；第二次测量的结果为：亲社会行为少）。回归分析显示，相较于变化的成员，稳定在原来团体的成员在攻击行为和亲社会行为方面更为稳定。

（七）参与团体的比率

并非所有的个体都会参与到某个团体中。以智利儿童为被试者的一年追踪研究发现，没有参与团体的个体，两次测量的比率分别是5.4%和5.3%（Berger，2012）。在阿姆斯特丹以461名（233名男孩、228名女孩）四至六年级的小学生为被试者的研究发现，近80%的被试者都隶属于某一个团体（Witvliet，2010）。在中国的研究发现，有11.6%的儿童没有加入任何同伴团体（杨渝川等，2003）。

（八）团体与团体成员行为之间的关联

1. 团体认同

以英国白人青少年为被试者的研究发现，女孩比男孩对自己所属团体的认同程度高；成员对自己所隶属团体的描述使用积极词汇——友好、诚实、有趣等，较少使用消极词汇——乏味、不友好；对自己所隶属团体认同程度高的个体，对团体的评价更为积极（Tarrant，2002）。

2. 团体成员的同质性

团体成员的同质性是指团体成员间在行为和特质方面的相似性。Gavin 1989 年的研究发现，团体成员观念和行为的一致性有随年龄增长而下降的趋势。杨渝川等人（2003 年）以中国儿童为被试者的研究发现，团体成员在学业成就方面相似度极高，其次是攻击性和同伴拒绝方面相似度高，在社交性和同伴接纳方面不相似。

阿曼达（2009）以澳大利亚白人儿童（8.92—13.92 岁）为被试者，计算内在阶层相关系数（intra-class correlation），发现团体成员在欺凌问卷的四个维度（直接卷入、实际存在、直接支持、伤害他人友谊）上都表现出相似性。这种相似可以显著预测被试者四个维度的欺凌行为。

Witvliet（2010）在阿姆斯特丹以 461 名（233 名男孩、228 名女孩）四至六年级的小学生为被试者的研究中发现：团体成员间在知名度、欺凌和受同伴欢迎三个方面都表现出相似性，其中以知名度最为相似；欺凌是个体相互吸引、加入团体、保持个体在团体中地位的重要因素。

团体成员间具有相似性，如何解释团体对成员的影响过程，则有两种取向。一是社会化理论，强调团体成员间的相互强化而对个体产生影响（Popp，2008）。第二种理论是用互动中的选择来解释成员间的相似性。坎德尔（Kandel，1978）认为这两种解释并不矛盾。

3. 团体规范

在北美文化背景下，青少年同伴团体以其对学校的消极态度为特征（Steinberg，1992），即同伴团体规范通常是消极的。在控制了原有攻击分数后，团体的欺凌和攻击行为能预测六至八年级被试者的团体行为（Espelage，2003）。团体规范为攻击行为的（团体攻击行为突出），该规范能显著预测成员的攻击行为（Chang，2004）。在澳大利亚的研究发现，在欺凌这一团体规范上，与其他团体成员相似度高的个体，欺凌行为越明显（Amanda，2009）。隶属于关系攻击（Relational Aggression）团体的青少年，会随着时间的推移表现出更多的关系攻击行为（Werner & Hill，2010）。与男孩相比，女孩更看重团体成员的积极品质——诚实、友好、聪慧和忠诚，鄙视消极品质——贫嘴、忽视等（Tarrant，2002）。

埃利斯（2007）以 665 名五至八年级的加拿大儿童为被试者，他间隔三个月收集了两个时间点的数据。研究显示，同伴团体对成员的失范行为（饮酒、抽烟）、学业不良行为（不完成作业、考试作弊）、攻击行为、亲社会行为都有影响。被试者在时间点 1 所属团体 CI（社交地位指标，即中心性指标）值高，在时间点 2 的失范行为（饮酒、抽烟）、学业不良行为（不完成作业、考试作弊）、攻击行为、亲社会行为都会增加；只有在亲社会行为变量上，在时间点 1 CI 低的团体中，其成员的亲社会行为会在时间点 2 下降。

伯杰（2012）以智利儿童为被试者的一年追踪研究中，以团体成员攻击和亲社会行为分数的平均分作为团体规范。研究发现，个体所离开团体的攻击规范与个体后期的攻击行为无关。被同伴拒绝与后期攻击行为之间的关系受同伴团体攻击水平的影响，当所流入团体攻击水平高时，两者之间的关系就减弱。被试者通常表现出与团体规范一致的亲社会行为，流入团体的亲社会行为规范对亲社会行为有显著影响。离开团体的成员，其亲社会行为与所离开团体的亲社会行为水平存在差异。个体离开团体的亲社会行为规范对离开个体后期的亲社会行为没有影响。这意味着团体规范对新成员的攻击和亲社会行为的影响显著，但是，团体规范对流出成员的影响不显著，同时也说明社会流动是个体间相互影响的重要因素。

4. 团体内行为

在对五至十二年级学生的研究中发现，团体内成员间的积极行为呈现出青少年早期和中期分数低，而两端（前青少年期和青少年晚期）分数高的趋势。成员间的消极行为，呈现出青少年早期和中期分数高，两端（前青少年期和青少年晚期）分数低的趋势。积极和消极两种行为呈现相反的发展趋势。在团体内，女孩表现出比男孩更多的积极行为，消极行为中不存在性别差异（Gavin，1989）。

与团体规范为非欺凌的团体成员相比，团体规范为欺凌的团体的成员年龄偏大，即年龄大的团体比年龄小的团体欺凌行为多。方差分析显示，隶属于团体规范为欺凌团体的儿童，在欺凌行为的四个维度（直接卷入、实际存在、直接支持、伤害他人友谊）上，与隶属于规范为非欺凌团体的儿童差异显著。即与隶属于团体规范为非欺凌团体的儿童相比，隶属于团体规范为欺凌团体的儿童，表现出更多的欺凌行为（Amanda，2009）。

5. 团体外行为

团体成员对团体外他人表现出的行为称为团体外行为。Gavin 1989 年对五至十二年级学生的研究发现，团体外积极行为表现出随年龄而线性增长；团体外消极行为表现为青少年早期分数最高，然后是下降的趋势。女孩比男孩表现出更多的积极团体外行为，而男孩比女孩表现出更多的消极团体外行为。打扰他人的行为，在青少年早期分数高，在青少年晚期分数比较低。

五　以往研究存在的问题及研究问题的提出

青少年时期是儿童的心理断乳阶段，他们努力摆脱父母的束缚，更愿意与同伴在一起，更认同同伴的观念，同伴团体是影响个体行为与态度的重要社会背景（Bagwell et al.，2000；Rubin et al.，2006）。

同伴团体是一种客观存在，尽管群体社会化发展理论和社会认同都强调团体的作用，但是在发展心理学领域相关的实证研究尚不丰富。究其原因，首先，处理心理学研究数据的多数统计方法都是以个人为统计单位，计算多个个体的平均数，假定数据是正太分布的，然后进行复杂的统计分析。由于同伴团体人数很少，一般为3—10人，统计方法的使用受到限制。其次，相较于以个体为研究对象的方法，以同伴团体为对象的研究过程和统计的难度增加，团体处于动态变化之中，统计单位前后不统一，纵向追踪研究的难度增加。

综上所述，本研究使用追踪数据，描述初中生同伴团体的状态，探讨同伴团体对个体社会适应的影响。

第二节　研究结果与讨论

一　参与团体的人数

1. 结果

被试者在四个时间点参与团体的情况见表1—1。初一时，628名（84.18%）被试者组成93个同伴团体，118名（15.82%）被试者不属于任何团体。城市学校被试者共计334名，257名（76.95%）被试者组成42个同伴团体，77名（23.05%）被试者不属于任何团体；农村学校共计412名被试者，371名（90.05%）被试者组成51个同伴团体，41名（9.95%）被试者不属于任何团体。

初二时，493名（66.09%）被试者组成80个同伴团体，253名（33.91%）被试者不属于任何团体。城市学校共计334名被试者，151名（45.21%）被试者组成21个同伴团体，183名（54.79%）被试者不属于任何团体；农村学校共计412名被试名，其中342名（83.01%）被试者组成59个同伴团体，70名（16.99%）被试者不属于任何团体。

初三时，583名（78.15%）被试者组成98个同伴团体，163

名（21.85%）被试者不属于任何团体。城市学校共计334名被试者，257名（76.95%）被试者组成39个同伴团体，77名（23.05%）被试者不属于任何团体；农村学校共412名被试者，326名（79.13%）被试者组成60个同伴团体，86名（20.87%）被试者不属于任何团体。

初四时，459名（61.53%）被试者组成79个同伴团体，287名（38.47%）被试者不属于任何团体。城市学校共计334名被试者，198名（59.28%）被试者组成30个同伴团体，136名（40.72%）被试者不属于任何团体；农村学校共412名被试者，266名（64.56%）被试者组成49个同伴团体，146名（35.44%）被试者不属于任何团体。

表1—1　　　　　　　　被试者参与团体的情况

	城市		农村		合计	
	参与团体人数（%）/团体个数	未参与团体人数（%）	参与团体人数（%）/团体个数	未参与团体人数（%）	参与团体人数（%）/团体个数	未参与团体人数（%）
初一	257（76.95）/42	77（23.05）	371（90.05）/51	41（9.95）	628（84.18）/93	118（15.82）
初二	151（45.21）/21	183（54.79）	342（83.01）/59	70（16.99）	493（66.09）/80	253（33.91）
初三	257（76.95）/39	77（23.05）	326（79.13）/60	86（20.87）	583（78.15）/98	163（21.85）
初四	198（59.28）/30	136（40.72）	266（64.56）/49	146（35.44）	459（61.53）/79	287（38.47）

2. 讨论

在人生的早期，儿童主要与成人（抚养者）交往，儿童与成人（父母、教师）的交往是不平等的，成人通常处于强势地位，儿童处于从属、弱势地位。儿童与父母之间是依附与被依附的关系。进入青春期后，个体的自我意识和独立意识增强，在心理上有摆脱依附父母的需要，于是与父母的交往减少、与父母之间的冲突增加。据估计，大约有20%的家庭中，父母与处于青少年期的孩子之间存在长期、紧张、不健康的冲突（Montemayor，1982）。于是青少年花更多的时间与同伴在一起，同伴间的友谊关系更为成熟（Collins & Steinberg，2006）。

更多地与同伴交往，成熟的同伴关系，同伴间相互卷入较多，于是形成了同伴团体。同伴团体能满足青少年归属和陪伴的需要，提高青少年的自尊水平，在同伴团体中能获得信息和认同感。所以，绝大部分的初中生加入到某一个团体中，不加入团体的个体占少数。

二　同伴团体结构

团体结构从团体属性和团体类别两个方面来考察。团体类别是指构成团体成员的性别特征。团体属性是指团体成员提名的集中程度。

（一）结果

表1—2包含了团体属性和团体类别的基本信息。从团体类别来看，同伴团体大部分由同性别儿童组成，混合性别的团体数目较少，但随着年级增长，混合性别团体数目增多。其中男生团体（初一43个、初二30个、初三38个、初四24个）135个；城市41个，农村94个。女生团体（初一37个、初二31个、初三38个、初四27个）133个；城市48个，农村85个。混合团体（初一13个、初二19个、初三23个、初四28个）83个；城市44个，农村39个。

从团体属性来看，核心团体（城市33个、农村25个）58个，次级团体（城市64个、农村72个）136个，边缘团体（城市36个、农村121个）157个。

表1—2　　　　　　　　　　同伴团体数量基本情况

		城市				农村				合计
		核心	次级	边缘	小计	核心	次级	边缘	小计	
初一	男生	2	14	2	18	3	14	8	25	43
	女生	3	8	5	16	4	10	7	21	37
	混合	3	3	3	9	1	2	1	4	13
	小计	8	25	10	43	8	26	16	50	93
初二	男生	1	1	1	3	5	4	18	27	30
	女生	1	4	4	9	0	7	15	22	31
	混合	3	4	2	9	1	2	7	10	19
	小计	5	9	7	21	6	13	40	59	80
初三	男生	2	7	4	13	2	8	15	25	38
	女生	5	7	4	16	2	6	14	22	38
	混合	4	4	2	10	4	4	5	13	23
	小计	11	18	10	39	8	18	34	60	99
初四	男生	3	3	1	7	1	8	8	17	24
	女生	1	3	3	7	1	3	16	20	27
	混合	5	6	5	16	1	4	7	12	28
	小计	9	12	9	30	3	15	31	49	79
合计		33	64	36	133	25	72	121	218	351

为考察各种结构团体数量的差异，进行 4（年级）×3（团体类别：男性团体、女性团体、混合团体）×3（团体属性：核心团体、边缘团体、次级团体）的方差分析。

在城市学校中，团体属性对同伴团体数目影响的主效应显著（$F_{(2,35)} = 24.361$，$p = 0.014$），次级团体最多。进一步事后检验发现，核心团体与次级团体的团体数量差异显著，次级团体与边缘团体的团体数量差异显著（$M_{核心} = 2.75$，$SD_{核心} = 1.42$；$M_{次级} = 5.33$，$SD_{次级} = 3.42$；$M_{边缘} = 3.00$，$SD_{边缘} = 1.41$）。团体数目随年级变化不显著（$F_{(3,35)} = 2.721$，$p = 0.091$）。各团体类别的变化不显著（$F_{(2,35)} = 0.261$，$p = 0.074$）。所有二级交互作用均不显著。

　　在农村学校中，团体类别差异显著（$F_{(2,35)}$ = 10.017，p = 0.003），男生团体数量最多，混合团体数量最少。进一步事后检验发现，男生团体与女生团体的团体数量差异不显著，男生团体与混合团体的团体数量差异显著（$M_{男生}$ = 7.83，$SD_{男生}$ = 5.39；$M_{女生}$ = 7.08，$SD_{女生}$ = 5.55；$M_{混合}$ = 3.25，$SD_{混合}$ = 2.26）。团体属性差异显著（$F_{(2,35)}$ = 26.520，p = 0.000），边缘团体数量最多，核心团体数量最少。进一步事后检验发现，核心团体与次级、边缘团体的团体数量差异均显著（$M_{核心}$ = 2.08，$SD_{核心}$ = 1.56；$M_{次级}$ = 6.00，$SD_{次级}$ = 3.59；$M_{边缘}$ = 10.08，$SD_{边缘}$ = 5.28）。随着年级增高，团体数目变化不显著（$F_{(3,35)}$ = 0.517，p = 0.679）。

　　（二）讨论

　　结果显示，同伴团体大部分由同性别儿童组成，混合性别的团体数目较少。这一研究结果与前人（Tarrant，2002；Hamm，2011）的研究一致。该结果可以用社会心理学中的相似性吸引来解释。个体之间的交往受种族背景、宗教、政治、社会阶层、受教育程度、性别、年龄等客观因素，以及兴趣、态度、价值观等主观因素的影响，因为在上述因素上的相似或者相同而开始交往，相互认同程度高，交往双方容易形成积极的情感，这种情感联系集中表现在人与人之间的亲密形态上，也就是人际吸引。很多研究都证明了相似是影响人际吸引的因素之一，相左的态度对于喜欢的抑制作用大于相似的态度对于喜欢的促进作用，在团体中很难喜欢一个和自己持有不同意见的人（高倩，2009）。

　　研究结果还显示，随着年级的增高，混合性别团体数目增多。这是因为进入青春期后，青少年开始对异性感兴趣，异性之间的交往增加，为混合团体的形成提供了可能。

　　初中生具有了异性交往的需求。李鹰（2005）认为，中学生与异性交往源于"感情需要"、"好奇/想试试看"、"弥补精神空虚"、

"学习压力太大"的需要。男生和女生交往的需求存在差异，女生选择"好奇/想试试看"的比例高于男生，男生更多因"感情需要"和"弥补精神空虚"而与之交往。

初中阶段是异性开始交往的时期，杨雄（2004）的研究显示，在 2004 年，大城市青少年开始与异性交往的平均年龄分别为 12.94 岁（男）和 13.16 岁（女）。初二时，异性交往心理会发生比较明显的变化（蒋有慧，1991）。郭继祥（2006）对农村学生青春期异性交往情况的调查也得到相类似的结果。随着年龄的增长，中学生会呈现出更加强烈的与异性交往的期望（张景焕，1996）。到初三时，中学生选择异性伙伴比例还比较低，但同初中低年级相比较，异性伙伴的选择率开始有了很大程度的提高，而且伴随着年龄增长，中学生更加容易接纳异性伙伴（王磊，2004）。

中学生间的异性交往主要是在日常学习中进行的，交往的内容多与学习和生活有关，或者互相倾诉人生理想和内心世界。张金玲（2009）对初中生的研究发现：异性之间交往围绕学习、休闲娱乐、理想未来以及生活琐事展开，所占比例分别为 47.4%、27.2%、5.7%、19.8%；此外，异性间一起玩耍、互赠礼物、进行娱乐或各种体育活动也占据一定的比例。初中生与异性交往最经常去的地方除了学校以外，还有家里、书店与图书馆等学习场所，公园、商场等休闲场所，网吧、电影院等娱乐场所，所占比例分别为 10.9%（家里）、52.6%（书店与图书馆）、23.2%（公园、商场等）、3.2%（网吧、电影）。从交往方式来看，"多人一起活动"的方式被更多的中学生接纳（李鹰，2005），所以，在初中阶段，随着年级的增高，混合性别团体数目增多。

在城市学校中，次级团体数量最多（64 个），显著多于核心团体（33 个）与边缘团体（36 个）的数量。在农村地区学校中，边缘团体数量（121 个）最多，核心团体数量（25 个）最少。

　　核心团体、次级团体和边缘团体反映的是团体属性——内聚力。不论是农村还是城市学校，核心团体都不是最多的。核心团体少可能源于两个因素：一是团体还处于不稳定的阶段，已有成员可以脱离团体，也有新成员加入团体，成员的变化性是导致内聚力不足的一个原因。沃建中（2001）的研究发现，初中生与同伴交往水平变动较大，中学生人际交往水平从初一到初二明显下降，初三时又大幅度地攀升。该研究从一个侧面可以说明初中阶段交往不稳定，导致团体内聚力不强。二是团体的自发形成性，对团体成员不具有强制性，也导致内聚力不足，核心团体少。

　　城市学校里的次级团体数量最多，农村地区学校的边缘团体数量最多。这在一定程度上说明，城市学校中的团体，其内聚力要高于农村学校中的团体。这个结果可以从城市与农村的文化差异来理解。血缘和地缘是农村社会人际关系构成的重要组成部分。本书研究中的农村中学在镇政府所在地，学生来自不同的村子。来自一个村子的学生多是同一姓氏，或亲或疏带有血缘的关联。学校在距离村子较远的镇政府这样的空间特征，决定了来自同一村子的学生往往结伴上学和回家，交往的机会多，相互熟悉。但是，学校班级的成员是随机安排的，不考虑来源，来自同一村子的同学被编在不同的班级，在课间和课后的自由时间里，这些来自同一村子但在不同班级里的学生，交往的频率很高，在一起的时间长。本书研究所涉及的团体，是指班级内的团体，团体成员是来自班级内部。交往多的同学可能不在同一班级中，这是导致农村学校边缘团体多的原因。在城市中，血缘和地缘不是最重要的特征，城市是由陌生人构成的社会。城市中青少年的同伴关系主要是与同班同学建立的，与邻里、亲戚之间的交往比较少。所以，城市学校中，因时间和空间的因素，中学生与同学的交往比较多。与农村学校相比，城市学校所形成的团体也内聚力强。

在城市学校中，男生团体、女生团体和混合团体的数量差异不显著。相较于农村，城市文化更开放，对青少年两性间的交往持包容、接纳的态度。黄心洁等人（2011）的研究发现，在异性交往方面，发达城市（武汉）学生比县城（麻城）学生活跃，表现为"异性喜欢与自己交往"、"支持好朋友与异性交往"。由于城市学校中，异性交往多，为混合团体的形成提供了基础。所以，在城市学校中，男生团体、女生团体和混合团体的数量差异不显著。

农村地区学校中，团体类别差异显著，男生团体数量最多（25＋27＋25＋17＝94，见表1—2），混合团体数量最少（4＋10＋13＋12＝39，见表1—2）。青少年女性之间的友谊数量一般比男生多，但她们的友谊稳定性比男生低（Chan，2007）。这说明青少年女性之间交往的变化性大、稳定性不强，因此，不容易形成团体。故女性团体的数量要少于男性团体的数量。相较于城市，农村初中生之间的异性交往较少，故混合团体少。

三 同伴团体规模

（一）结果

初一共有93个团体，城市学校有43个团体，规模从3—13人不等；农村学校有50个团体，规模从3—19人不等。初二共有80个团体，城市学校有21个团体，规模从3—18人不等；农村学校有59个团体，规模从3—14人不等。初三共有99个团体，城市学校有39个团体，规模从3—14人不等；农村学校有60个团体，规模从3—15人不等。初四共有79个团体，城市学校有30个团体，规模从3—14人不等；农村学校有49个团体，规模从3—14人不等（见表1—2）。各类别团体人数和各属性团体人数的平均数和标准差见表1—3至表1—6。

表1—3 不同年级、不同团体类别、不同团体属性的同伴团体规模

		城市			农村		
		核心团体	次级团体	边缘团体	核心团体	次级团体	边缘团体
初一	男生团体	10.50	6.64	3.00	10.67	6.29	7.25
	女生团体	7.00	5.88	5.20	6.75	9.30	6.29
	混合团体	6.00	8.00	5.33	15.00	12.00	9.00
初二	男生团体	10.00	3.00	7.00	8.20	7.25	5.44
	女生团体	6.00	7.50	3.50		5.14	4.87
	混合团体	14.00	8.25	3.00	12.00	8.50	5.14
初三	男生团体	10.00	7.71	4.25	8.50	6.88	4.40
	女生团体	8.00	4.57	4.50	6.50	6.67	4.64
	混合团体	8.25	9.00	3.50	7.75	3.50	5.00
初四	男生团体	9.33	6.67	3.00	6.00	7.13	4.50
	女生团体	9.00	5.67	3.33	5.00	6.33	4.25
	混合团体	8.80	7.67	4.20	9.00	7.75	5.00

表1—4 各年级同伴团体规模（人数）的平均数和标准差

	城市			农村		
	团体数	平均数	标准差	团体数	平均数	标准差
初一	43	6.32	2.62	50	7.80	3.58
初二	21	7.19	4.00	59	5.79	2.68
初三	39	6.59	2.83	60	5.43	2.55
初四	30	6.60	3.39	49	5.42	2.63

表1—5 各类别团体规模（人数）的平均数和标准差

	城市			农村		
	团体数	平均数	标准差	团体数	平均数	标准差
男生	41	6.87	3.12	94	6.20	2.92
女生	48	5.62	2.31	85	5.68	2.63
混合	44	7.41	3.54	39	6.62	3.84

表1—6　　　　　各属性团体规模（人数）的平均数和标准差

	城市			农村		
	团体数	平均数	标准差	团体数	平均数	标准差
核心	33	8.85	3.15	25	8.32	3.09
次级	64	6.80	2.80	72	6.99	3.39
边缘	36	4.19	1.41	121	5.07	2.25

为考察团体规模的差异，进行4（年级）×3（团体类别：男性团体、女性团体、混合团体）×3（团体属性：核心团体、边缘团体、次级团体）的方差分析。

方差分析结果显示，城市学校不同属性团体的同伴团体规模差异显著（$F_{(2,132)} = 28.522$，$p = 0.000$），进一步事后检验发现，核心团体与次级团体、边缘团体的同伴规模有显著差异（$M_{核心} = 8.85$，$SD_{核心} = 3.15$；$M_{次级} = 6.80$，$SD_{次级} = 2.80$；$M_{边缘} = 4.19$，$SD_{边缘} = 1.41$）。年级与团体类别主效应均不显著，所有的交互作用都不显著。

农村学校的年级主效应显著（$F_{(3,132)} = 8.610$，$p = 0.000$），事后检验发现，初一年级团体的人数与初二、初三、初四团体的人数差异显著（$M_{初一} = 7.80$，$SD_{初一} = 3.58$；$M_{初二} = 5.79$，$SD_{初二} = 2.68$；$M_{初三} = 5.43$，$SD_{初三} = 2.55$；$M_{初四} = 5.42$，$SD_{初四} = 2.63$），初一时团体规模最大，显著多于其他三个年级团体规模；初二、初三与初四团体之间人数的差异不显著。团体属性主效应显著（$F_{(2,132)} = 10.689$，$p = 0.000$），事后检验发现核心团体、次级团体及边缘团体里的成员人数两两差异显著（$M_{核心} = 8.32$，$SD_{核心} = 3.09$；$M_{次级} = 6.99$，$SD_{次级} = 3.39$；$M_{边缘} = 5.07$，$SD_{边缘} = 2.25$）。同伴团体类别主效应显著（$F_{(2,132)} = 5.94$，$p = 0.003$），事后检验发现男生团体与女生团体的同伴人数差异不显著（$M_{男生} = 6.20$，$SD_{男生} = 2.92$；$M_{女生} = 5.68$，$SD_{女生} = 2.63$），而女生团体与混合团体的同伴人数差异显著（$M_{女生} = 5.68$，$SD_{女生} = 2.63$；$M_{混合} = 6.62$，$SD_{混合} = 3.84$）。

（二）讨论

在城市学校中，核心团体的成员人数显著多于次级团体、边缘团体的成员人数。在农村学校中，核心团体、次级团体及边缘团体里的成员人数两两差异显著，核心团体人数最多、边缘团体人数最少。团体属性反映的是团体的凝聚力，核心团体凝聚力最强，核心团体中有稳定的核心成员，核心人物对成员具有吸引力，团体成员也容易找到追随对象，这样团体的吸引力强，于是团体成员比较多。边缘团体的凝聚力最弱，对成员的吸引力不强，所以，成员人数最少。

在农村学校中，初一年级团体的成员人数显著多于初二、初三、初四团体的成员人数。初中生在心理上需要摆脱对成人的依赖、表现自己的独立，他们与同龄人的交往增多。升入初中后，与小学阶段同伴的交往逐渐减少，他们迫切需要新的交往同伴，所以，交往频繁形成团体。但是，初一时的团体，是大家在相互不太了解的情况下形成的，随着时间的推移，同学间相互熟悉了，交往的稳定性增加了，对于不适合自己的团体，个体可以逐渐淡出，于是，团体成员的规模也随之下降。

农村学校中，女生团体成员人数少于混合团体成员人数。进入青春期后，异性间的相互吸引导致两性间交往的增多，在混合团体中可以有更多的机会与异性交往，满足青春期对异性好奇的需要。所以这种团体对个体有较大的吸引力，团体人数会比较多。但是，混合团体人数只比女生团体成员人数多，并不比男生团体成员人数多，这是本书无法解释、有待后续研究澄清的问题。

四　个体在团体中的地位

（一）结果

表1—7为四个年级各类团体中成员的地位情况。

表1—7　　　　不同团体中核心成员、边缘成员及次级成员人数

		城市				农村			
		核心团体	次级团体	边缘团体	合计	核心团体	次级团体	边缘团体	合计
初一	核心成员	38	66	24	128	25	103	57	185
	次级成员	16	66	19	101	38	73	41	152
	边缘成员	6	32	6	44	11	29	13	53
初二	核心成员	28	33	17	78	22	41	93	156
	次级成员	16	22	8	46	8	27	86	121
	边缘成员	14	11	2	27	23	14	36	73
初三	核心成员	43	55	28	126	31	50	75	156
	次级成员	32	42	11	85	16	28	61	105
	边缘成员	18	25	3	46	14	31	20	55
初四	核心成员	33	38	13	84	10	47	76	133
	次级成员	19	29	21	69	6	34	44	84
	边缘成员	29	16	0	45	4	26	19	49

在城市学校中，初一同伴团体中核心成员共128名，占总团体人数的46.9%；初二时同伴团体核心成员共78名，占总团体人数的51.7%；初三时同伴团体核心成员共126名，占总团体人数的49%；初四时同伴团体核心成员共84名，占总团体人数的42.4%。卡方检验的结果显示，随着年级的增长，同伴团体中核心成员人数差异不显著（p = 0.273）。

在农村学校中，初一同伴团体中核心成员185名，占总团体人数的47.4%；初二时同伴团体核心成员共156名，占总团体人数的44.6%；初三时同伴团体核心成员共156名，占总团体人数的47.9%；初四时同伴团体核心成员共133名，占总团体人数的50%。随着年级的增长，同伴团体中核心成员差异不显著（$\chi^2_{(3)}$ = 0.31，p = 0.96）。

为检验不同属性团体的核心成员数量是否存在差异，进行4（年级）×3（团体类别：男生团体、女生团体、混合团体）×3

（团体属性：核心团体、次级团体、边缘团体）的方差分析。

方差分析结果表明：城市学校中团体属性主效应显著（$F_{(2,35)}$ = 7.19，p = 0.009）。事后检验显示，核心团体与边缘团体、核心团体与次级团体中核心成员人数差异显著（$M_{核心}$ = 9.50，$SD_{核心}$ = 8.78；$M_{边缘}$ = 12.50，$SD_{边缘}$ = 6.15；$M_{次级}$ = 12.67，$SD_{次级}$ = 7.27）。即核心团体中的核心成员人数少于边缘团体、次级团体中核心成员人数。其他主效应及交互作用项均不显著。

在农村学校中，团体属性（$F_{(2,35)}$ = 12.55，p = 0.001）与团体类别（$F_{(2,35)}$ = 7.40，p = 0.008）主效应均显著。事后检验发现，核心团体与边缘团体、核心团体与次级团体、边缘团体与次级团体中核心成员人数差异显著（$M_{核心}$ = 7.33，$SD_{核心}$ = 6.10；$M_{边缘}$ = 25.08，$SD_{边缘}$ = 12.55；$M_{次级}$ = 20.08，$SD_{次级}$ = 14.36）。即核心团体核心成员人数少于边缘团体核心成员人数，边缘团体核心成员人数多于次级团体核心成员人数。男生团体与女生团体分别与边缘团体中核心成员人数差异显著，男生团体与女生团体中核心成员人数差异不显著（$M_{男生}$ = 22.17，$SD_{男生}$ = 13.31；$M_{女生}$ = 20.92，$SD_{女生}$ = 16.27；$M_{混合}$ = 9.42，$SD_{混合}$ = 5.82）。

（二）讨论

研究结果表明，不论在城市还是农村学校中，核心团体中的核心成员人数是最少的。核心成员是被提名次数 $\geq$ （0.70 × CI_i）的成员（CI_i 是个体所属团体的中心性指标 CI）。核心团体是指那些 $CI \geq$ （0.70 × CI_h）的团体（其中 CI_h 是班级社交团体 CI 排名最高的那个团体中两个被提名最多的人的平均被提名次数）。核心团体及核心成员跟提名次数有关，跟团体的规模无关。核心成员少，团体更容易沟通、相互交往的频率高，容易宣传权威，从而提高团体的凝聚力。而边缘团体或者次级团体其核心成员数目较多，恰恰说明这些团体的凝聚力不强，有多个权威中心。这只是理论推论，核心成员人数与团体凝聚力的关系需要后续研究加以关注。

五 同伴团体的稳定性

（一）结果

同伴团体的稳定性是根据个体跨时间留在同一个同伴团体中的团体成员的人数来确定的。如果100%的成员都留在一个团体里，则这样的团体为"100%稳定团体"；如果有75%至99%的成员还留在团体内，则为"75%稳定团体"；如果有50%至74%的成员还留在团体内，则为"50%稳定团体"；如果有少于50%的成员留在团体内，则为"分裂团体"；原来团体中连至少两个人都不在同一个团体中，团体完全解散了，则为"解散团体"。

根据四年追踪数据，获得了同伴团体稳定与变化情况（见表1—8）。以初一两所学校的93个团体为参照标准，到了初二有6个团体为100%稳定团体，12个团体为75%稳定团体，24个团体为50%稳定团体，29个团体为分裂团体，22个团体为解散团体；到初三有6个100%稳定团体，11个75%稳定团体，26个50%稳定团体，36个分裂团体，14个解散团体；到初四有2个100%稳定团体，1个75%稳定团体，18个50%稳定团体，31个分裂团体，41个解散团体。

以初二两所学校的80个团体为参照标准，到初三有7个100%稳定团体，10个75%稳定团体，23个50%稳定团体，16个分裂团体，24个解散团体；到初四有2个100%稳定团体，3个75%稳定团体，7个50%稳定团体，20个分裂团体，48个解散团体。

以初三两所学校的99个团体为参照标准，到初四有3个100%稳定团体，5个75%稳定团体，8个50%稳定团体，28个分裂团体，55个解散团体。

表1—8　　　　　　　　　　　　团体稳定性比例

	初一至初二			初二至初三			初三至初四		
	100%稳定团体（6.45%） （5.55±1.51）			100%稳定团体（5%） （5.00±2.89）			100%稳定团体（3.06%） （4.67±1.53）		
	核心 团体	次级 团体	边缘 团体	核心 团体	次级 团体	边缘 团体	核心 团体	次级 团体	边缘 团体
男生	0	0	0	0	1	1	0	0	0
女生	0	2	2	1	1	0	1	1	1
混合	1	1	0	1	0	2	0	0	0
	75%稳定团体（12.90%） （7.50±2.39）			75%稳定团体（12.5%） （7.50±2.92）			75%稳定团体（5.10%） （6.80±3.77）		
	核心 团体	次级 团体	边缘 团体	核心 团体	次级 团体	边缘 团体	核心 团体	次级 团体	边缘 团体
男生	2	4	0	0	0	3	0	1	0
女生	2	3	1	3	2	0	0	1	3
混合	0	0	0	0	0	2	0	0	0
	初一至初二			初二至初三			初三至初四		
	50%稳定团体（25.81%） （7.33±3.03）			50%稳定团体（28.75%） （6.04±2.34）			50%稳定团体（8.16%） （6.63±1.51）		
	核心 团体	次级 团体	边缘 团体	核心 团体	次级 团体	边缘 团体	核心 团体	次级 团体	边缘 团体
男生	1	6	3	2	2	6	1	1	1
女生	2	6	3	0	5	4	0	0	1
混合	0	2	1	0	1	3	2	2	0
	分裂团体（31.18%） （7.83±4.06）			分裂团体（20%） （9.31±3.52）			分裂团体（28.57%） （7.46±3.16）		
	核心 团体	次级 团体	边缘 团体	核心 团体	次级 团体	边缘 团体	核心 团体	次级 团体	边缘 团体
男生	1	9	4	1	1	2	2	6	5
女生	2	6	4	0	0	5	3	5	1
混合	1	1	1	3	2	2	5	1	0

续表

	解散团体（23.66%）(6.23±2.81)			解散团体（30%）(3.96±1.20)			解散团体（55.10%）(4.96±2.12)		
	核心团体	次级团体	边缘团体	核心团体	次级团体	边缘团体	核心团体	次级团体	边缘团体
男生	1	7	3	1	7	0	1	7	13
女生	1	3	2	3	10	0	3	7	12
混合	2	1	2	1	2	0	1	4	7

从表1—8可知，团体属性、团体类别与团体稳定性存在一定的关联，结果见表1—9。

表1—9　　　　团体稳定性与团体属性、团体类别的关联（%）

	团体属性				团体类别			
	男生团体	女生团体	混合团体	合计	核心团体	次级团体	边缘团体	合计
100%稳定	12.5	56.25	31.25	100	25	37.5	37.5	100
75%稳定	37.04	55.56	7.41	100	25.93	48.15	25.93	100
50%稳定	41.82	38.18	20	100	14.55	45.45	40	100
分裂	42.47	35.62	21.92	100	24.66	42.47	32.88	100
解散	39.60	40.59	19.80	100	13.86	47.52	38.61	100

（二）讨论

两所学校在初四时都进行了班级调整，初三至初四期间的团体必然受到影响。所以，讨论时不涉及初三至初四的结果。

表1—8显示，从初一至初四，100%稳定团体很少，比率最高为初一至初二时的6.45%。75%稳定团体的比率较高，初一至初三期间达到12.90%。50%稳定团体，从初一至初二、初二至初三，分别为25.81%、28.75%。分裂和解散的团体，从初一至初二为54.84%（31.18%＋23.66%），初二至初三为50%（20%＋30%）。即有约一半的团体在年度变化中保持50%以上人员的

稳定。

表1—9显示，在100%稳定团体中，女生团体比率明显多于男生团体、混合团体比率，次级团体和边缘团体比率明显多于核心团体比率。75%稳定团体中，女生团体比率明显多于男生团体、混合团体比率，次级团体比率明显多于核心团体、边缘团体比率。50%稳定团体中，男生团体比例明显多于女生团体、混合团体比率，次级团体比率明显多于核心团体、边缘团体比率。

在团体稳定方面，女性团体表现突出，这可能与女性之间的交往特点有关。沃建中（2001）的研究发现，女中学生的人际交往水平显著高于男生。全莉娟（2008）的研究认为：女中学生的人际交往重视互助与支持，她们希望得到对方的同情、帮助、鼓励和启迪，得到力量和慰藉，同时也提供帮助给别人，体现自己的价值。这种以互惠为基础建立的人际关系是以理性认知参与为基础的；人际交往中投入情感多，重感情、轻功利；懂得友谊要以共同的兴趣爱好和追求为基础的；女中学生对友谊的需要较男生早，对友谊的理解更深刻。金灿灿（2012）从四个维度（信任与支持、陪伴与娱乐、肯定价值、亲密袒露与交流）研究中学生友谊质量发现，友谊的四个维度均存在性别差异，男生四个维度得分和友谊质量总分均显著低于女生，男生的冲突与背叛维度得分显著高于女生。因此，在交往中女生表现出的上述种种特点，为她们团体的稳定奠定了心理基础。

核心团体的稳定性较低，这可能与团体规模有关。表1—8显示，城市学校核心团体规模的平均数为8.85，高于次级团体（6.8）和边缘团体（4.19）；农村学校核心团体规模的平均数为8.32，高于次级团体（6.99）和边缘团体（2.25）。而团体人数越多，保持稳定的难度就越大，所以，核心团体的稳定性比较低。

六 同伴团体对个体社会适应的影响

(一) 是否参与团体对个体的影响

1. 结果

表1—10 至表1—13 分别为初一至初四团体成员与非团体成员社会适应的平均数与标准差。为考察是否参与团体对个体的影响，对团体成员和非团体成员在社会适应方面的变量进行了平均数差异检验。

表1—10   初一团体成员与非团体成员社会适应性的描述统计

	城市学校			农村学校		
	非团体成员	团体成员	t	非团体成员	团体成员	t
社会能力（同伴评价）	0.01 (0.01)	0.02 (0.03)	-3.20 **	0.03 (0.05)	0.02 (0.02)	1.50
攻击行为	0.03 (0.07)	0.03 (0.06)	0.17	0.00 (0.00)	0.03 (0.05)	-1.41
社会能力（教师评价）	2.58 (0.67)	2.93 (0.8)	-1.71	2.34 (0.59)	2.43 (0.61)	-0.44
违纪/被排斥	2.35 (0.67)	2.24 (0.46)	0.77	1.88 (0.29)	2.11 (0.50)	-1.44
焦虑退缩	1.79 (0.78)	1.86 (0.77)	-0.34	1.79 (0.41)	1.84 (0.57)	-0.27
亲社会行为	3.26 (0.85)	3.59 (0.95)	-1.38	2.86 (0.77)	3.09 (0.86)	-0.81
学业成就	-0.17 (0.78)	0.03 (1.00)	-0.79	-0.13 (0.80)	0.00 (0.87)	-0.49
抑郁	1.34 (0.38)	1.33 (0.31)	0.05	1.20 (0.24)	1.16 (0.17)	0.73
孤独	1.86 (0.83)	1.96 (0.67)	-0.48	2.12 (0.64)	1.65 (0.47)	2.80 **

注1：+ p < 0.1，　 * p < 0.05，　 ** p < 0.01，　 *** p < 0.001（下同）。

注2：非团体成员人数较少，团体成员人数较多。所列的团体成员数据是分别对两所学校的团体成员人数进行了样本的随机选择的结果，以达到与非团体人数基本相同。

表1—11　　初二团体成员与非团体成员社会适应性的描述统计

	城市学校			农村学校		
	非团体成员	团体成员	t	非团体成员	团体成员	t
社会能力（同伴评价）	0.01 (0.01)	0.02 (0.04)	-1.46	0.01 (0.02)	0.02 (0.03)	-0.5
攻击行为	0.02 (0.04)	0.01 (0.02)	0.66	0.02 (0.05)	0.03 (0.07)	-1.25
社会能力（教师评价）	2.45 (0.73)	2.92 (0.81)	-2.25*	2.66 (0.79)	2.89 (0.77)	-1.45
违纪/被排斥	2.86 (0.65)	2.31 (0.54)	3.66***	2.31 (0.53)	2.24 (0.49)	0.66
焦虑退缩	2.51 (0.79)	2.00 (0.86)	2.29*	2.05 (0.75)	1.91 (0.59)	1.03
亲社会行为	2.81 (0.8)	3.52 (0.79)	-3.35***	3.18 (0.81)	3.45 (0.75)	-1.71
学业成就	-0.03 (0.92)	0.19 (0.96)	-0.91	-0.39 (0.87)	-0.12 (0.90)	-1.45
抑郁	1.55 (0.49)	1.3 (0.31)	2.12*	1.20 (0.25)	1.16 (0.19)	0.86
孤独	2.42 (1.19)	1.63 (0.55)	3.14***	1.89 (0.7)	1.65 (0.49)	1.95*

表1—12　　初三团体成员与非团体成员社会适应性的描述统计

	城市学校			农村学校		
	非团体成员	团体成员	t	非团体成员	团体成员	t
社会能力（同伴评价）	0.01 (0.01)	0.02 (0.02)	-4.07***	0.01 (0.02)	0.03 (0.06)	-2.76*
攻击行为	0.01 (0.01)	0.02 (0.02)	-3.76***	0.01 (0.02)	0.03 (0.06)	-1.88+
社会能力（教师评价）	3.35 (0.99)	3.40 (0.85)	-0.20	2.76 (0.57)	2.94 (0.73)	-1.64
违纪/被排斥	2.17 (0.23)	2.11 (0.36)	0.76	2.40 (0.52)	2.30 (0.47)	1.24
焦虑退缩	1.84 (0.77)	1.83 (0.48)	0.10	2.12 (0.74)	1.87 (0.61)	2.19*

续表

	城市学校			农村学校		
	非团体成员	团体成员	t	非团体成员	团体成员	t
亲社会行为	3.68 (1.00)	3.90 (0.81)	-1.04	3.36 (0.64)	3.48 (0.66)	-1.08
学业成就	-0.15 (1.03)	0.18 (1.04)	-1.28	-0.22 (0.71)	0.14 (0.84)	-2.81**
抑郁	1.40 (0.39)	1.27 (0.27)	1.90+	1.23 (0.30)	1.22 (0.24)	0.30
孤独	1.98 (0.78)	1.79 (0.55)	1.28	1.90 (0.55)	1.80 (0.60)	1.04

表1—13　　　初四团体成员与非团体成员社会适应性的描述统计

	城市学校			农村学校		
	非团体成员	团体成员	t	非团体成员	团体成员	t
社会能力（同伴评价）	0.00 (0.04)	0.01 (0.04)	-2.22*	0.01 (0.03)	0.03 (0.03)	-3.92***
攻击行为	0.00 (0.01)	0.01 (0.05)	-2.69**	0.01 (0.03)	0.03 (0.04)	-3.58***
社会能力（教师评价）	2.95 (0.57)	3.17 (0.85)	-1.51	2.73 (0.93)	2.90 (0.75)	-1.25
违纪/被排斥	2.49 (0.44)	2.33 (0.49)	1.84+	2.17 (0.46)	2.22 (0.44)	-0.68
焦虑退缩	1.88 (0.49)	1.74 (0.56)	1.35	1.72 (0.67)	1.75 (0.61)	-0.31
亲社会行为	3.39 (0.67)	3.65 (0.74)	-1.96*	3.28 (0.92)	3.48 (0.77)	-1.51
学业成就	-0.13 (0.85)	0.12 (0.93)	-1.43	-0.24 (0.84)	-0.04 (0.71)	-1.63
抑郁	1.38 (0.32)	1.30 (0.33)	1.23	1.26 (0.30)	1.15 (0.21)	2.57**
孤独	2.01 (0.70)	1.85 (0.65)	1.21	2.08 (0.78)	1.75 (0.5)	3.27***

检验结果显示，团体成员在社会能力上高于非团体成员。初一

时，城市学校同伴评价的社会能力，团体成员高于非团体成员；农村学校教师评价的社会能力，团体成员高于非团体成员。初二时，城市学校同伴和教师评价的社会能力，团体成员都高于非团体成员。初三时，在城市和农村两所学校，同伴评价的社会能力团体成员高于非团体成员。初四时，城市学校同伴和教师评价的社会能力，团体成员都高于非团体成员；农村学校同伴评价的社会能力，团体成员高于非团体成员。

团体成员与非团体成员在攻击行为上存在差异。初一时，在农村学校，团体成员的攻击行为多于非团体成员；初二时，在城市学校，团体成员的攻击行为少于非团体成员；初三时，在城市和农村两所学校，团体成员的攻击行为多于非团体成员；初四时，在农村学校，团体成员的攻击行为多于非团体成员。

违纪/被排斥变量，初二时，在城市学校，团体成员的违纪/被排斥行为显著少于非团体成员，其他各年级团体成员与非团体成员差异均不显著。

初三时，非团体成员的焦虑退缩高于团体成员，但差异并不显著。

团体成员与非团体成员在亲社会行为上存在差异。初一时，农村学校团体成员的亲社会行为多于非团体成员；初二和初四时，城市学校团体成员的亲社会行为多于非团体成员。

初三时，农村学校团体成员的学业成就高于非团体成员。

2. 讨论

结果显示，团体成员在社会能力（教师评价和同伴评价）、亲社会行为和学业成就三个方面的表现都高于非团体成员；团体成员的攻击行为多于非团体成员（初二时城市学校除外）；只有在初三时，城市学校团体成员的焦虑退缩水平高于非团体成员。总体来看，团体成员的各项社会适应变量（积极方面和消极方面）水平都高于非团体成员。

本书研究使用同伴提名的方法获得同伴团体的数据，在交往中与他人互动频繁的个体容易被同伴辨识，这些个体更有可能被提名。与同伴交往所表现出的行为，既有积极的也有消极的，所以，团体成员的社会能力、亲社会行为、攻击行为都高于非团体成员。

由于个体间因兴趣爱好、相似性而相互吸引，所以，各团体行为规范不尽相同。有的团体其规范较为积极，成员也表现出较多的积极社会行为；有的团体其规范偏消极，成员也表现出较多的消极社会行为。在分析时，只区分了团体成员与非团体成员，并没有考量团体规范，所以，团体成员在积极和消极的社会适应变量上都表现出较高的水平。

团体成员的学业成就高于非团体成员，这与中国重视学业成就，且学业成就是评价学生的首要指标有关。因学业成就好，在班级中的地位就较高，家长也鼓励自己的孩子与成绩好的同学交往，所以，成绩好的孩子更容易获得友谊、更容易加入同伴团体。

（二）团体属性、团体类别、个体在团体中的地位对团体成员社会适应的影响

团体属性是指团体成员提名的集中程度，包括核心团体、次级团体和边缘团体；团体类别是指构成团体成员的性别特征，包括男生团体、女生团体和混合团体；个体在团体中的位置包括核心成员、次级成员和边缘成员。

1. 结果

以团体属性、团体类别、个体在团体中的地位为自变量，以社会适应［社会能力（同伴评价）、攻击行为、社会能力（教师评价）、违纪/被排斥、焦虑退缩、亲社会行为、学业成就］为因变量，进行多因素方差分析。

（1）初一

表1—14 为初一各类成员社会适应的平均数与标准差。

表1—14　　初一各类团体成员社会适应的描述统计

			社会能力（教师评价）	违纪/被排斥	亲社会行为	焦虑退缩	社会能力（同伴评价）	攻击行为	学业成就	抑郁	孤独
城市	个体属性	核心	3.16 (0.89)	2.32 (0.53)	3.82 (0.84)	1.77 (0.64)	0.045 (0.082)	0.028 (0.061)	0.101 (1.025)	1.28 (0.31)	1.77 (0.65)
		次级	2.83 (0.81)	2.22 (0.55)	3.58 (0.91)	1.67 (0.64)	0.017 (0.02)	0.027 (0.048)	0.021 (0.954)	1.27 (0.40)	1.80 (0.58)
		边缘	2.79 (0.77)	2.20 (0.6)	3.44 (1.04)	1.91 (0.74)	0.012 (0.012)	0.016 (0.039)	−0.182 (0.912)	1.35 (0.33)	1.89 (0.69)
	团体属性	核心	3.2 (0.87)	2.29 (0.54)	4.08 (0.74)	1.80 (0.73)	0.048 (0.075)	0.026 (0.051)	0.265 (0.759)	1.27 (0.47)	1.77 (0.57)
		次级	2.88 (0.86)	2.26 (0.59)	3.51 (0.97)	1.71 (0.64)	0.027 (0.06)	0.028 (0.06)	−0.106 (1.076)	1.32 (0.33)	1.81 (0.64)
		边缘	3.01 (0.77)	2.25 (0.4)	3.63 (0.73)	1.82 (0.62)	0.015 (0.018)	0.017 (0.025)	0.180 (0.833)	1.25 (0.28)	1.75 (0.72)
	团体类别	男	2.86 (0.81)	2.34 (0.63)	3.4 (0.90)	1.71 (0.64)	0.029 (0.057)	0.038 (0.073)	−0.133 (1.069)	1.30 (0.42)	1.89 (0.67)
		女	3.13 (0.81)	2.12 (0.39)	3.87 (0.83)	1.78 (0.59)	0.025 (0.033)	0.01 (0.014)	0.349 (0.753)	1.32 (0.28)	1.78 (0.57)
		混合	2.97 (0.98)	2.35 (0.53)	3.87 (0.91)	1.79 (0.79)	0.038 (0.09)	0.026 (0.037)	−0.177 (1.019)	1.22 (0.26)	1.65 (0.62)
农村学校	个体属性	核心	2.68 (0.77)	2.1 (0.49)	3.36 (0.90)	1.83 (0.61)	0.036 (0.055)	0.038 (0.067)	0.033 (0.844)	1.17 (0.20)	1.65 (0.54)
		次级	2.60 (0.88)	2.09 (0.46)	3.13 (0.90)	1.73 (0.57)	0.026 (0.035)	0.024 (0.044)	−0.004 (0.868)	1.23 (0.24)	1.82 (0.51)
		边缘	2.67 (0.71)	2.04 (0.42)	3.27 (0.75)	1.84 (0.50)	0.013 (0.013)	0.018 (0.032)	−0.150 (0.820)	1.19 (0.22)	1.86 (0.56)

续表

			社会能力（教师评价）	违纪/被排斥	亲社会行为	焦虑退缩	社会能力（同伴评价）	攻击行为	学业成就	抑郁	孤独
农村学校	团体属性	核心	2.64 (0.75)	2.2 (0.50)	3.31 (0.83)	1.85 (0.60)	0.034 (0.042)	0.042 (0.067)	0.064 (0.834)	1.22 (0.24)	1.71 (0.51)
		次级	2.63 (0.84)	2.03 (0.45)	3.18 (0.91)	1.75 (0.60)	0.033 (0.053)	0.030 (0.060)	0.071 (0.837)	1.19 (0.22)	1.72 (0.54)
		边缘	2.69 (0.78)	2.12 (0.46)	3.36 (0.86)	1.83 (0.54)	0.017 (0.022)	0.022 (0.035)	-0.19 (0.864)	1.21 (0.2)	1.81 (0.55)
	团体类别	男	2.64 (0.81)	2.17 (0.5)	3.20 (0.90)	1.92 (0.57)	0.023 (0.037)	0.041 (0.07)	-0.219 (0.943)	1.19 (0.22)	1.75 (0.50)
		女	2.72 (0.84)	2.02 (0.42)	3.32 (0.93)	1.74 (0.58)	0.037 (0.055)	0.016 (0.028)	0.275 (0.637)	1.20 (0.22)	1.70 (0.59)
		混合	2.45 (0.61)	2.01 (0.45)	3.28 (0.67)	1.49 (0.48)	0.021 (0.022)	0.033 (0.055)	-0.154 (0.862)	1.23 (0.22)	1.87 (0.49)

方差分析显示，在城市学校中，团体属性（$F_{(2,239)} = 1.473$，$p = 0.231$）及团体类别（$F_{(2,239)} = 1.322$，$p = 0.268$）对社会能力（教师评价）影响不显著。个体在团体中的地位对初中生的社会能力（教师评价）有显著影响（$F_{(2,239)} = 3.178$，$p = 0.043$）。事后检验表明核心成员与次级成员（$p = 0.005$）、边缘成员（$p = 0.018$）的社会能力（教师评价）有显著差异，核心成员（3.16）显著高于次级成员（2.83）、边缘成员（2.79）。而次级成员与边缘成员社会能力（教师评价）差异不显著（$p = 0.781$）。

个体在团体中的地位（$F_{(2,239)} = 2.009$，$p = 0.136$）、团体属性（$F_{(2,239)} = 0.141$，$p = 0.868$）对初一学生的违纪/被排斥影响不显著，团体类别（$F_{(2,239)} = 6.029$，$p = 0.003$）对违纪/被排斥影响显著。事后检验表明男生团体与女生团体的违纪/被排斥差异显著

（p＝0.004），女生团体与混合团体的违纪/被排斥差异显著（p＝0.014），男生团体（2.34）的违纪/被排斥显著高于女生团体（2.12），混合团体的违纪/被排斥（2.35）高于女生团体，而男生团体与混合团体的违纪/被排斥差异不显著（p＝0.98）。

个体在团体中的地位对亲社会行为影响不显著（$F_{(2,239)}$＝1.229，p＝0.294）。团体属性（$F_{(2,239)}$＝6.356，p＝0.002）和团体类别（$F_{(2,239)}$＝6.698，p＝0.001）对亲社会行为影响显著。事后检验表明，核心团体与次级团体（p＝0.000），核心团体与边缘团体的亲社会行为差异显著（p＝0.01），核心团体（4.08）的亲社会行为显著高于次级团体（3.51）、边缘团体（3.63）；次级团体与边缘团体学生的亲社会行为差异不显著（p＝0.4）；男生团体与女生团体的亲社会行为差异显著（p＝0.000）；男生团体与混合团体的亲社会行为差异显著（p＝0.001）；男生团体（3.4）的亲社会行为显著低于女生团体（3.87）、混合团体（3.87）；而女生团体与混合团体的亲社会行为差异不显著（p＝0.994）。

个体在团体中的地位（$F_{(2,239)}$＝1.831，p＝0.162）、团体属性（$F_{(2,239)}$＝0.551，p＝0.577）及团体类别（$F_{(2,239)}$＝0.104，p＝0.902）对焦虑退缩影响不显著。

个体在团体中的地位（$F_{(2,239)}$＝8.762，p＝0.000）、团体属性（$F_{(2,239)}$＝3.194，p＝0.024）对社会能力（同伴评价）影响显著。团体类别对社会能力（同伴评价）影响不显著（$F_{(2,239)}$＝1.315，p＝0.270）。核心成员与次级成员（p＝0.000）、边缘成员的社会能力（同伴评价）差异显著（p＝0.001），核心成员（0.045）显著高于次级成员（0.017）、边缘成员（0.012），次级成员与边缘成员的社会能力（同伴评价）差异不显著（p＝0.613）。核心团体与次级团体（p＝0.016）及边缘团体（p＝0.003）学生的社会能力（同伴评价）差异显著，核心团体（0.048）显著高于次级团体

（0.027）、边缘团体（0.015），次级团体与边缘团体（p=0.196）学生的社会能力（同伴评价）差异不显著。

个体在团体中的地位（$F_{(2,239)}=1.791$，p=0.169）及团体属性（$F_{(2,239)}=0.035$，p=0.965）对初一学生的攻击行为影响不显著，团体类别（$F_{(2,239)}=7.571$，p=0.001）对攻击行为影响显著。事后检验表明男生团体与女生团体的攻击行为差异显著（p=0.000），女生团体与混合团体（p=0.066）的攻击行为差异显著，男生团体（0.038）和混合团体（0.026）显著高于女生团体（0.01），男生团体与混合团体的攻击行为差异不显著（p=0.147）。

个体在团体中的地位（$F_{(2,260)}=0.630$，p=0.533）对学业成就影响不显著，团体属性（$F_{(2,260)}=2.966$，p=0.053）、团体类别（$F_{(2,260)}=7.336$，p=0.001）对学业成就影响边缘显著。核心团体与次级团体成绩差异显著（p=0.011），核心团体与边缘团体（p=0.647）、次级团体与边缘团体（p=0.07）成绩差异不显著。男生团体与女生团体成绩差异显著（p=0.000），女生团体与混合团体（p=0.001）成绩差异显著，女生团体（0.349）显著高于男生团体（-0.133）、混合团体（-0.177），男生团体与混合团体成绩差异不显著（p=0.772）。

个体在团体中的地位（$F_{(2,235)}=0.810$，p=0.446；$F_{(2,235)}=0.413$，p=0.662）、团体属性（$F_{(2,235)}=0.296$，p=0.744；$F_{(2,235)}=0.007$，p=0.993）及团体类别（$F_{(2,235)}=1.390$，p=0.251；$F_{(2,235)}=2.166$，p=0.117）对初一学生的抑郁及孤独影响均不显著。

在农村学校，个体在团体中的地位（$F_{(2,374)}=0.462$，p=0.63）、团体属性（$F_{(2,374)}=0.261$，p=0.771）及团体类别（$F_{(2,374)}=2.118$，p=0.122）对社会能力（教师评价）影响均不显著。

个体在团体中的地位（$F_{(2,374)}=0.369$，$p=0.692$）对违纪/被排斥影响不显著，团体属性（$F_{(2,374)}=3.768$，$p=0.024$）及团体类别（$F_{(2,374)}=5.188$，$p=0.006$）对违纪/被排斥影响显著。事后检验表明核心团体与次级团体学生的违纪/被排斥差异显著（$p=0.007$），核心团体（2.2）显著高于次级团体（2.03），核心团体与边缘团体（$p=0.255$），次级团体与边缘团体（$p=0.097$）的违纪/被排斥差异不显著。男生团体与女生团体的违纪/被排斥差异显著（$p=0.003$），男生团体与混合团体的违纪/被排斥差异显著（$p=0.028$），男生团体（2.17）显著高于女生团体（2.02）、混合团体（2.01），而女生团体与混合团体的违纪/被排斥差异不显著（$p=0.845$）。

团体属性（$F_{(2,374)}=2.107$，$p=0.123$）及团体类别（$F_{(2,374)}=0.979$，$p=0.377$）对亲社会行为影响不显著。个体在团体中的地位（$F_{(2,374)}=3.412$，$p=0.034$）对亲社会行为影响显著。事后检验表明核心成员与次级成员的亲社会行为差异显著（$p=0.014$），核心成员（3.36）显著高于次级成员（3.13）和边缘成员（3.27），核心成员与边缘成员（$p=0.513$），次级成员与边缘成员的亲社会行为差异不显著（$p=0.300$）。

个体在团体中的地位（$F_{(2,374)}=1.539$，$p=0.216$）、团体属性（$F_{(2,374)}=1.425$，$p=0.242$）对初一学生的焦虑退缩影响不显著，团体类别（$F_{(2,374)}=11.522$，$p=0.000$）对焦虑退缩影响显著。事后检验表明男生团体与女生团体（$p=0.005$）、男生团体与混合团体（$p=0.000$）、女生团体与混合团体的焦虑退缩差异显著（$p=0.007$），男生团体（1.92）分数最高，女生团体（1.74）次之，混合团体（1.49）分数最低。

个体在团体中的地位（$F_{(2,374)}=5.388$，$p=0.005$）、团体属性（$F_{(2,374)}=6.274$，$p=0.002$）及团体类别（$F_{(2,374)}=3.809$，$p=0.023$）对社会能力（同伴评价）影响显著。事后检验表明核心成

员与次级成员（p = 0.003）、核心成员与边缘成员（p = 0.001）、次级成员与边缘成员（p = 0.081）的社会能力（同伴评价）差异显著，核心成员（0.036）显著高于次级成员（0.026）、边缘成员（0.013）。核心团体与次级团体（p = 0.930）学生的社会能力（同伴评价）差异不显著，核心团体与边缘团体（p = 0.01），次级团体与边缘团体（p = 0.001）的社会能力（同伴评价）差异显著，核心团体（0.034）、次级团体（0.033）显著高于边缘团体（0.017）。男生团体与女生团体（p = 0.003）的社会能力（同伴评价）差异显著，男生团体与混合团体（p = 0.710）的社会能力（同伴评价）差异不显著，女生团体与混合团体（p = 0.02）的社会能力（同伴评价）差异显著，女生团体（0.037）显著高于男生团体（0.023）和混合团体（0.021）。

个体在团体中的地位（$F_{(2,374)}$ = 6.955，p = 0.001）、团体属性（$F_{(2,374)}$ = 4.394，p = 0.013）与团体类别（$F_{(2,374)}$ = 10.71，p = 0.000）对攻击行为影响显著。事后检验表明核心成员与次级成员（p = 0.012）、边缘成员（p = 0.013）的攻击行为差异显著，核心成员（0.038）显著高于次级成员（0.024）和边缘成员（0.018），次级成员与边缘成员（p = 0.474）的攻击行为差异不显著。核心团体与次级团体（p = 0.08）、边缘团体（p = 0.01）的攻击行为差异显著，核心团体（0.042）显著高于次级团体（0.030）、边缘团体（0.022），次级团体与边缘团体（p = 0.217）学生的攻击行为差异不显著。男生团体与女生团体学生的攻击行为差异显著（p = 0.000），女生团体与混合团体（p = 0.54）的攻击行为差异显著，女生团体（0.016）显著低于男生团体（0.041）和混合团体（0.033），男生团体与混合团体学生的攻击行为差异不显著（p = 0.356）。

个体在团体中的地位（$F_{(2,378)}$ = 0.259，p = 0.772）对学业成就影响不显著，团体属性（$F_{(2,378)}$ = 3.484，p = 0.032）、团体类别

（$F_{(2,378)} = 14.989$，$p = 0.000$）对初一学生的学业成就影响显著。核心团体与次级团体学生成绩差异不显著（$p = 0.948$），核心团体与边缘团体（$p = 0.041$）、次级团体与边缘团体（$p = 0.007$）学生成绩差异显著，边缘团体（-0.19）显著低于核心团体（0.064）、次级团体（0.071）。男生团体与女生团体学生成绩差异显著（$p = 0.000$），女生团体与混合团体成绩差异显著（$p = 0.002$），女生团体（0.275）显著高于男生团体（-0.219）和混合团体（-0.154），男生团体与混合团体成绩差异不显著（$p = 0.630$）。

个体在团体中的地位对学生的抑郁（$F_{(2,374)} = 2.488$，$p = 0.084$）影响不显著，但是对学生的孤独（$F_{(2,374)} = 4.810$，$p = 0.009$）影响显著。其中，核心成员的抑郁显著低于次级（$p = 0.008$）及边缘（$p = 0.022$）成员。

团体属性（$F_{(2,374)} = 0.375$，$p = 0.687$；$F_{(2,374)} = 1.651$，$p = 0.193$）及团体类别（$F_{(2,374)} = 0.461$，$p = 0.631$；$F_{(2,374)} = 0.716$，$p = 0.489$）对学生的抑郁及孤独影响均不显著。

（2）初二

表1—15 为初二各类成员社会适应变量的平均数与标准差。

表1—15　　　　初二各类团体成员社会适应变量的描述统计

			社会能力（教师评价）	违纪/被排斥	亲社会行为	焦虑退缩	社会能力（同伴评价）	攻击行为	学业成就	抑郁	孤独
城市	个体属性	核心	2.89 (0.94)	2.34 (0.62)	3.46 (1.02)	2.08 (0.93)	0.019 (0.037)	0.017 (0.044)	0.193 (0.99)	1.86 (0.71)	1.28 (0.30)
		次级	2.87 (0.7)	2.25 (0.53)	3.50 (0.72)	1.84 (0.61)	0.018 (0.026)	0.012 (0.026)	0.249 (0.84)	1.64 (0.52)	1.26 (0.29)
		边缘	2.8 (0.89)	2.44 (0.7)	3.13 (1.01)	2.22 (0.93)	0.018 (0.043)	0.014 (0.031)	0.226 (0.891)	1.63 (0.47)	1.37 (0.31)

续表

			社会能力（教师评价）	违纪/被排斥	亲社会行为	焦虑退缩	社会能力（同伴评价）	攻击行为	学业成就	抑郁	孤独
城市	团体属性	核心	3.08 (0.85)	2.20 (0.46)	3.74 (0.81)	1.72 (0.73)	0.022 (0.041)	0.014 (0.027)	0.495 (0.760)	1.32 (0.30)	1.41 (0.42)
		次级	2.66 (0.93)	2.45 (0.73)	3.13 (1.07)	2.24 (0.98)	0.018 (0.035)	0.018 (0.049)	-0.025 (1.019)	1.40 (0.39)	1.25 (0.31)
		边缘	2.93 (0.55)	2.30 (0.50)	3.45 (0.53)	2.18 (0.48)	0.013 (0.016)	0.009 (0.011)	0.207 (0.865)	1.32 (0.51)	1.33 (0.24)
	团体类别	男	3.07 (0.82)	2.27 (0.67)	3.66 (0.79)	1.99 (0.73)	0.009 (0.009)	0.007 (0.012)	0.297 (1.169)	1.5 (0.58)	1.94 (1.00)
		女	3.00 (0.88)	2.33 (0.66)	3.41 (0.99)	2.18 (0.84)	0.016 (0.034)	0.008 (0.014)	0.291 (0.906)	1.38 (0.43)	1.91 (0.67)
		混合	2.74 (0.84)	2.34 (0.56)	3.36 (0.94)	1.94 (0.88)	0.022 (0.039)	0.021 (0.048)	0.15 (0.882)	1.30 (0.27)	1.66 (0.48)
农村	个体属性	核心	2.84 (0.83)	2.32 (0.52)	3.34 (0.77)	1.94 (0.63)	0.024 (0.033)	0.029 (0.062)	0.024 (0.912)	1.70 (0.48)	1.14 (0.17)
		次级	2.84 (0.84)	2.15 (0.50)	3.44 (0.77)	1.81 (0.65)	0.021 (0.032)	0.021 (0.042)	-0.064 (0.800)	1.73 (0.57)	1.2 (0.22)
		边缘	2.78 (0.72)	2.23 (0.51)	3.32 (0.73)	1.98 (0.73)	0.028 (0.069)	0.016 (0.021)	-0.350 (0.791)	1.84 (0.53)	1.24 (0.32)
	团体属性	核心	2.79 (0.80)	2.33 (0.48)	3.48 (0.66)	1.69 (0.57)	0.035 (0.076)	0.036 (0.066)	-0.278 (0.905)	1.14 (0.18)	1.14 (0.16)
		次级	3.07 (0.77)	2.24 (0.49)	3.49 (0.79)	1.89 (0.65)	0.020 (0.031)	0.02 (0.045)	0.014 (0.887)	1.21 (0.22)	1.2 (0.25)
		边缘	2.75 (0.81)	2.23 (0.53)	3.30 (0.77)	1.96 (0.68)	0.022 (0.034)	0.022 (0.045)	-0.074 (0.833)	1.17 (0.22)	1.22 (0.26)
	团体类别	男	2.80 (0.80)	2.27 (0.55)	3.35 (0.77)	1.90 (0.65)	0.025 (0.048)	0.027 (0.058)	-0.040 (0.885)	1.16 (0.21)	1.77 (0.54)
		女	2.95 (0.8)	2.23 (0.48)	3.45 (0.75)	2.02 (0.67)	0.022 (0.032)	0.017 (0.031)	-0.057 (0.843)	1.2 (0.24)	1.73 (0.54)
		混合	2.7 (0.84)	2.22 (0.49)	3.29 (0.76)	1.72 (0.65)	0.023 (0.044)	0.027 (0.05)	-0.242 (0.811)	1.17 (0.21)	1.69 (0.45)

方差分析结果显示，在城市学校，个体在团体中的地位（$F_{(2,134)} = 0.462$，$p = 0.631$）对社会能力（教师评价）影响不显著。团体属性（$F_{(2,134)} = 5.501$，$p = 0.005$）及团体类别（$F_{(2,134)} = 3.743$，$p = 0.026$）对初中生的社会能力（教师评价）有显著影响。事后检验表明，核心团体与次级团体（$p = 0.008$）的社会能力（教师评价）有显著差异，核心团体（3.08）的分数高于次级团体（2.66）的分数。核心团体与边缘团体（$p = 0.484$）、次级团体与边缘团体的社会能力（教师评价）差异不显著（$p = 0.173$）。女生团体与混合团体学生的社会能力（教师评价）差异边缘显著（$p = 0.087$），男生团体与女生团体（$p = 0.775$）及混合团体（$p = 0.140$）学生的社会能力（教师评价）差异不显著。

个体在团体中的地位（$F_{(2,134)} = 1.192$，$p = 0.307$）、团体类别（$F_{(2,134)} = 0.447$，$p = 0.641$）对初二学生的违纪/被排斥影响不显著，团体属性（$F_{(2,134)} = 3.100$，$p = 0.048$）对违纪/被排斥影响显著。事后检验表明，核心团体与次级团体学生的违纪/被排斥差异显著（$p = 0.028$），核心团体（2.20）显著低于次级团体（2.45），核心团体与边缘团体（$p = 0.488$）、次级团体与边缘团体（$p = 0.319$）的违纪/被排斥差异不显著。

个体在团体中的地位（$F_{(2,134)} = 2.591$，$p = 0.079$）对亲社会行为影响不显著，团体属性（$F_{(2,134)} = 8.178$，$p = 0.000$）对亲社会行为影响显著。团体类别（$F_{(2,134)} = 1.577$，$p = 0.210$）对亲社会行为影响不显著。事后检验表明，核心团体与次级团体（$p = 0.000$）差异显著，核心团体（3.74）显著高于次级团体（3.13），核心团体与边缘团体（$p = 0.198$），次级团体与边缘团体（$p = 0.133$）学生的亲社会行为差异不显著。

个体在团体中的地位（$F_{(2,134)} = 2.741$，$p = 0.577$）对学生焦虑退缩影响不显著，团体属性（$F_{(2,134)} = 6.069$，$p = 0.003$）对学生焦

虑退缩影响显著，团体类别（$F_{(2,134)}=0.026$，$p=0.974$）对学生焦虑退缩影响不显著。核心团体与次级团体（$p=0.001$）及边缘团体（$p=0.023$）的焦虑退缩差异显著，次级团体（2.24）、边缘团体（2.18）高于核心团体（1.72），次级团体与边缘团体（$p=0.760$）的焦虑退缩差异不显著。

个体在团体中的地位（$F_{(2,144)}=0.067$，$p=0.935$）、团体属性（$F_{(2,144)}=0.300$，$p=0.741$）、团体类别（$F_{(2,144)}=0.875$，$p=0.419$）对学生的社会能力（同伴评价）影响均不显著。

个体在团体中的地位（$F_{(2,144)}=0.270$，$p=0.764$）、团体属性（$F_{(2,144)}=0.743$，$p=0.478$）、团体类别（$F_{(2,144)}=2.430$，$p=0.092$）对学生的攻击行为影响均不显著。

个体在团体中的地位（$F_{(2,139)}=0.208$，$p=0.813$）、团体类别（$F_{(2,139)}=2.047$，$p=0.133$）对学生的学业成就影响不显著，团体属性（$F_{(2,139)}=6.644$，$p=0.002$）对学业成就影响显著。核心团体与次级团体成绩差异显著（$p=0.002$），核心团体（0.495）显著高于次级团体（-0.025），核心团体与边缘团体（$p=0.179$），次级团体与边缘团体（$p=0.270$）的学业成就差异不显著。

个体在团体中的地位（$F_{(2,91)}=1.848$，$p=0.163$）、团体属性（$F_{(2,91)}=0.871$，$p=0.422$）及团体类别（$F_{(2,91)}=1.770$，$p=0.176$）对学生抑郁影响不显著。

个体在团体中的地位（$F_{(2,91)}=1.129$，$p=0.328$）及团体类别（$F_{(2,91)}=1.326$，$p=0.271$）对学生孤独影响不显著，团体属性（$F_{(2,91)}=4.425$，$p=0.015$）对学生的孤独影响显著。核心团体的孤独得分显著低于次级团体（$p=0.004$）。

在农村学校，个体在团体中的地位（$F_{(2,335)}=0.213$，$p=0.808$）、团体类别（$F_{(2,335)}=1.891$，$p=0.153$）对社会能力（教师评价）影响不显著，而团体属性对社会能力（教师评价）影响显著（$F_{(2,335)}=4.511$，$p=0.012$）。核心团体与次级团体学生的社会能力（教师评价）差异边缘显著（$p=0.056$），次级团体（3.07）显著高于核心团体（2.79）和边缘团体（2.75），核心团体与边缘团体的社会能力（教师评价）差异不显著（$p=0.701$），而次级团体与边缘团体的社会能力（教师评价）差异显著（$p=0.002$），次级团体（3.07）显著高于边缘团体（2.75）。

个体在团体中的地位（$F_{(2,335)}=3.576$，$p=0.029$）对违纪/被排斥影响显著，团体属性（$F_{(2,335)}=0.487$，$p=0.615$）及团体类别（$F_{(2,335)}=0.116$，$p=0.890$）对违纪/被排斥影响不显著。事后检验表明核心成员与次级成员的违纪/被排斥差异显著（$p=0.006$），核心成员（2.32）显著高于次级成员（2.15），核心成员与边缘成员（$p=0.206$）、边缘成员与次级成员（$p=0.295$）的违纪/被排斥差异不显著。

个体在团体中的地位（$F_{(2,335)}=1.427$，$p=0.241$）及团体类别（$F_{(2,335)}=1.506$，$p=0.223$）对亲社会行为影响不显著。团体属性（$F_{(2,335)}=3.638$，$p=0.027$）对亲社会行为影响显著。事后检验表明，核心团体与次级团体（$p=0.948$），核心团体与边缘团体的亲社会行为差异不显著（$p=0.114$），次级团体与边缘团体学生的亲社会行为差异显著（$p=0.05$），次级团体（3.49）显著高于边缘团体（3.30）。

个体在团体中的地位（$F_{(2,335)}=3.322$，$p=0.037$）、团体属性（$F_{(2,335)}=4.207$，$p=0.016$）及团体类别（$F_{(2,335)}=2.872$，$p=0.058$）对学生的焦虑退缩影响均显著。核心团体与次级团体（$p=0.079$）之间差异不显著，核心团体与边缘团体（$p=0.006$）之间差异显著，边缘团体（1.96）显著高于核心团体（1.69），次级团体与边缘团体（$p=0.394$）的焦虑退缩差异不显著。男生团体与混合团体（$p=0.058$）之间的差异不显著，女生团体与混合团体的焦虑退缩差异显著（p = 0.004），女生团体（2.02）显著高于混合团体（1.72），而男生团体和女生团体学生的焦虑退缩差异不显著（p = 0.153）。

个体在团体中的地位（$F_{(2,343)} = 0.245$，p = 0.783）、团体属性（$F_{(2,343)} = 1.698$，p = 0.185）、团体类别（$F_{(2,343)} = 0.030$，p = 0.971）对学生的社会能力（同伴评价）影响均不显著。

个体在团体中的地位（$F_{(2,343)} = 2.727$，p = 0.067）、团体属性（$F_{(2,343)} = 1.555$，p = 0.213）、团体类别（$F_{(2,343)} = 0.816$，p = 0.443）对学生的攻击行为影响均不显著。

团体属性（$F_{(2,343)} = 0.265$，p = 0.767）、团体类别（$F_{(2,343)} = 0.866$，p = 0.421）对学生的学业成就影响不显著，个体在团体中的地位（$F_{(2,343)} = 6.293$，p = 0.002）对学业成就影响显著。核心成员与边缘成员（p = 0.002）学业成就差异显著，次级成员与边缘成员（p = 0.024）成绩差异显著，核心团体（- 0.278）显著低于次级团体（0.014）和边缘团体（- 0.074），核心成员与次级成员成绩差异不显著（p = 0.338）。

个体在团体中的地位对学生抑郁影响显著（$F_{(2,336)} = 4.530$，p = 0.011），其中核心成员的抑郁得分显著低于边缘成员（p = 0.032）。团体属性（$F_{(2,336)} = 1.350$，p = 0.261）及团体类别（$F_{(2,336)} = 0.253$，p = 0.777）对学生抑郁影响不显著。

个体在团体中的地位（$F_{(2,336)} = 2.235$，p = 0.109）、团体属性（$F_{(2,336)} = 0.998$，p = 0.370）及团体类别（$F_{(2,336)} = 0.817$，p = 0.443）对学生孤独影响不显著。

（3）初三

表1—16为初三各类成员社会适应变量的平均数与标准差。

表1—16　　　　　　　　初三各类团体成员社会适应变量的描述统计

			社会能力（教师评价）	违纪/被排斥	亲社会行为	焦虑退缩	社会能力（同伴评价）	攻击行为	学业成就	抑郁	孤独
城市	个体属性	核心	3.37 (0.85)	2.15 (0.38)	3.94 (0.79)	1.76 (0.45)	0.025 (0.045)	0.023 (0.041)	0.051 (1.018)	1.28 (0.30)	1.72 (0.61)
		次级	3.38 (0.90)	2.13 (0.37)	3.96 (0.75)	1.84 (0.50)	0.017 (0.023)	0.018 (0.03)	−0.044 (1.015)	1.26 (0.29)	1.86 (0.68)
		边缘	3.08 (0.75)	2.23 (0.40)	3.58 (0.85)	1.78 (0.56)	0.008 (0.005)	0.011 (0.01)	−0.133 (1.012)	1.37 (0.31)	2.3 (0.83)
	团体属性	核心	3.26 (0.68)	2.05 (0.31)	3.95 (0.62)	1.73 (0.43)	0.018 (0.025)	0.018 (0.027)	−0.035 (0.925)	1.27 (0.26)	1.75 (0.62)
		次级	3.17 (0.99)	2.26 (0.44)	3.73 (0.90)	1.80 (0.50)	0.021 (0.04)	0.022 (0.04)	−0.068 (1.089)	1.28 (0.29)	1.87 (0.64)
		边缘	3.87 (0.74)	2.17 (0.29)	4.14 (0.84)	1.93 (0.52)	0.016 (0.037)	0.015 (0.027)	0.215 (0.961)	1.33 (0.38)	2.02 (0.94)
	团体类别	男	3.38 (0.76)	2.20 (0.37)	3.83 (0.83)	1.72 (0.49)	0.025 (0.048)	0.031 (0.05)	0.147 (1.070)	1.27 (0.35)	1.93 (0.82)
		女	3.56 (0.73)	2.01 (0.28)	4.15 (0.64)	1.8 (0.42)	0.014 (0.014)	0.011 (0.011)	0.132 (0.86)	1.28 (0.27)	1.79 (0.55)
		混合	3.11 (0.99)	2.25 (0.42)	3.74 (0.84)	1.85 (0.52)	0.018 (0.032)	0.014 (0.022)	−0.376 (1.04)	1.32 (0.27)	1.85 (0.70)
农村	个体属性	核心	2.99 (0.75)	2.33 (0.5)	3.49 (0.65)	1.81 (0.5)	0.036 (0.057)	0.032 (0.064)	0.096 (0.861)	1.14 (0.17)	1.67 (0.42)
		次级	2.94 (0.74)	2.29 (0.51)	3.48 (0.64)	1.89 (0.57)	0.028 (0.060)	0.022 (0.044)	0.089 (0.850)	1.2 (0.22)	1.73 (0.54)
		边缘	2.75 (0.66)	2.35 (0.49)	3.27 (0.67)	2.00 (0.53)	0.010 (0.010)	0.021 (0.040)	−0.065 (0.765)	1.24 (0.32)	1.76 (0.64)
	团体属性	核心	2.88 (0.77)	2.42 (0.47)	3.33 (0.62)	1.88 (0.5)	0.034 (0.062)	0.053 (0.089)	−0.122 (0.92)	1.15 (0.17)	1.62 (0.39)
		次级	2.9 (0.73)	2.37 (0.43)	3.51 (0.66)	1.77 (0.41)	0.027 (0.055)	0.027 (0.051)	−0.021 (0.813)	1.18 (0.26)	1.64 (0.47)
		边缘	2.96 (0.73)	2.25 (0.54)	3.44 (0.66)	1.93 (0.61)	0.027 (0.049)	0.017 (0.032)	0.188 (0.814)	1.18 (0.21)	1.78 (0.56)

续表

			社会能力（教师评价）	违纪/被排斥	亲社会行为	焦虑退缩	社会能力（同伴评价）	攻击行为	学业成就	抑郁	孤独
农村	团体类别	男	2.76 (0.72)	2.50 (0.55)	3.32 (0.67)	1.85 (0.55)	0.022 (0.043)	0.038 (0.073)	-0.152 (0.888)	1.21 (0.26)	1.77 (0.57)
		女	3.04 (0.64)	2.12 (0.41)	3.61 (0.62)	1.85 (0.53)	0.031 (0.054)	0.011 (0.02)	0.299 (0.695)	1.15 (0.18)	1.69 (0.47)
		混合	3.09 (0.85)	2.29 (0.39)	3.40 (0.64)	1.96 (0.51)	0.038 (0.068)	0.029 (0.043)	0.095 (0.868)	1.16 (0.20)	1.59 (0.43)

方差分析结果显示，在城市学校中，个体属性（$F_{(2,188)}$ = 0.987，p = 0.375）、团体类别（$F_{(2,188)}$ = 2.422，p = 0.092）对社会能力（教师评价）影响不显著，团体属性（$F_{(2,188)}$ = 7.155，p = 0.001）对社会能力（教师评价）影响显著。核心团体与次级团体的社会能力（教师评价）差异不显著（p = 0.498），核心团体与边缘团体（p = 0.000），次级团体与边缘团体的社会能力（教师评价）差异显著（p = 0.000）。边缘团体的社会能力（教师评价）最高，核心团体的社会能力（教师评价）高于次级团体的社会能力（教师评价），边缘团体（3.87）分数显著高于核心团体（3.26）、次级团体（3.17）分数。

个体属性对违纪/被排斥影响不显著（$F_{(2,188)}$ = 0.628，p = 0.535），团体属性（$F_{(2,188)}$ = 5.742，p = 0.004）及团体类别（$F_{(2,188)}$ = 5.660，p = 0.004）对违纪/被排斥影响显著。核心团体与次级团体的违纪/被排斥差异显著（p = 0.000），次级团体（2.26）显著高于核心团体（2.05），次级团体与边缘团体（p = 0.223），核心团体与边缘团体（p = 0.088）违纪/被排斥差异不显著。边缘团体学生的违纪/被排斥最高。男生团体与女生团体的违纪/被排斥差异显著（p = 0.004），女生团体与混合团体（p = 0.000）的违纪/被排斥差异显著，女生团体（2.01）显著低于男生团体（2.20）和混合团体（2.25），男生团体与混合团体（p = 0.419）的违纪/被排斥差异不显著。混合团体学生的违纪/被排斥高于核心团体及边缘团体。

个体在团体中的地位（$F_{(2,188)}$ = 2.000，p = 0.138）、团体属性（$F_{(2,188)}$ = 2.304，p = 0.103）及团体类别（$F_{(2,188)}$ = 2.285，p = 0.105）对亲社会行为影响均不显著。

个体在团体中的地位（$F_{(2,188)}$ = 0.830，p = 0.437）、团体类别（$F_{(2,188)}$ = 1.859，p = 0.159）对焦虑退缩影响不显著，团体属性（$F_{(2,188)}$ = 2.770，p = 0.065）对学生的焦虑退缩影响边缘显著。核心团体与边缘团体学生的焦虑退缩差异显著（p = 0.04），边缘团体（1.93）显著高于核心团体（1.73），核心团体与次级团体（p = 0.346）、次级团体与边缘团体（p = 0.193）学生的焦虑退缩差异不显著。边缘团体学生焦虑退缩高于核心团体及次级团体学生焦虑退缩。

个体在团体中的地位（$F_{(2,250)}$ = 6.880，p = 0.001）、团体类别（$F_{(2,250)}$ = 4.176，p = 0.016）对社会能力（同伴评价）影响差异显著。团体属性（$F_{(2,250)}$ = 0.654，p = 0.521）对社会能力（同伴评价）影响差异不显著。核心成员与边缘成员学生的社会能力（同伴评价）差异显著（p = 0.005），核心成员与次级成员（p = 0.124），次级成员与边缘成员（p = 0.132）的社会能力（同伴评价）差异不显著。核心成员（0.025）的社会能力（同伴评价）高于次级成员（0.017）及边缘成员（0.008）。男生团体与女生团体学生的社会能力（同伴评价）差异显著（p = 0.038），男生团体（0.025）显著高于女生团体（0.014），男生团体与混合团体（p = 0.243），女生团体与混合团体（p = 0.413）的社会能力（同伴评价）差异不显著。

个体在团体中的地位（$F_{(2,250)} = 6.355$，$p = 0.002$）、团体类别（$F_{(2,250)} = 13.387$，$p = 0.000$）对攻击行为影响显著，团体属性（$F_{(2,250)} = 1.182$，$p = 0.308$）对学生的攻击行为影响不显著。核心成员与边缘成员学生的攻击行为差异显著（$p = 0.031$），核心成员（0.023）显著高于边缘成员（0.011），核心成员与次级成员（$p = 0.293$）、次级成员与边缘成员（$p = 0.218$）学生的攻击行为差异不显著。男生团体（0.031）显著高于女生团体（0.011）。

个体在团体中的地位（$F_{(2,236)} = 0.364$，$p = 0.696$）、团体属性（$F_{(2,236)} = 0.643$，$p = 0.527$）对初三学生学业成就影响均不显著，团体类别（$F_{(2,236)} = 6.225$，$p = 0.002$）对成绩影响显著。男生团体与女生团体成绩差异不显著（$p = 0.920$），男生团体与混合团体（$p = 0.001$），女生团体与混合团体（$p = 0.002$）成绩差异显著，混合团体（-0.376）显著低于男生团体（0.147）和女生团体（0.132）。

个体在团体中的地位（$F_{(2,225)} = 2.351$，$p = 0.098$）、团体属性（$F_{(2,225)} = 0.917$，$p = 0.401$）及团体类别（$F_{(2,225)} = 0.904$，$p = 0.407$）对初三学生抑郁影响不显著。

个体在团体中的地位（$F_{(2,225)} = 11.383$，$p = 0.000$）及团体属性（$F_{(2,225)} = 3.563$，$p = 0.030$）对初三学生孤独影响显著。核心成员（$p = 0.000$）及次级成员（$p = 0.003$）的孤独得分显著低于边缘成员；核心团体的孤独得分（$p = 0.04$）显著低于边缘成员。团体类别（$F_{(2,225)} = 0.102$，$p = 0.903$）对初三学生孤独影响不显著。

在农村学校，个体在团体中的地位（$F_{(2,311)} = 1.303$，$p = 0.273$）、团体属性（$F_{(2,311)} = 0.839$，$p = 0.433$）对社会能力（教师评价）影响不显著，团体类别（$F_{(2,311)} = 6.014$，$p = 0.003$）对社会能力（教师评价）影响显著。男生团体与女生团体（$p = 0.003$）及混合团体（$p = 0.003$）学生的社会能力（教师评价）差异显著，男生团体（2.76）显著低于女生团体（3.04）和混合团体（3.09），女生团体与混合团体（p = 0.645）的社会能力（教师评价）差异不显著。

个体在团体中的地位对初三学生的违纪/被排斥影响不显著（$F_{(2,311)}$ = 0.922，p = 0.399），团体属性（$F_{(2,311)}$ = 3.087，p = 0.047）及团体类别（$F_{(2,311)}$ = 20.643，p = 0.000）对违纪/被排斥影响显著。核心团体与边缘团体（p = 0.018），次级团体与边缘团体（p = 0.048）的违纪/被排斥差异显著，核心团体（2.42）显著高于次级团体（2.37），次级团体（2.37）显著高于边缘团体（2.25），核心团体与次级团体（p = 0.475）的违纪/被排斥差异不显著。男生团体与女生团体（p = 0.000）及混合团体（p = 0.004）的违纪/被排斥差异显著，女生团体与混合团体（p = 0.020）的违纪/被排斥差异显著，女生团体（2.12）显著低于男生团体（2.50）和混合团体（2.29），混合团体低于男生团体。

个体在团体中的地位（$F_{(2,311)}$ = 1.592，p = 0.205）、团体属性（$F_{(2,311)}$ = 1.779，p = 0.170）对亲社会行为影响不显著，团体类别（$F_{(2,311)}$ = 4.874，p = 0.008）对亲社会行为影响显著。男生团体与女生团体的亲社会行为差异显著（p = 0.000），女生团体与混合团体的亲社会行为差异显著（p = 0.035），女生团体显著高于男生团体（3.32）和混合团体（3.40）。

个体在团体中的地位（$F_{(2,311)}$ = 3.851，p = 0.022）、团体属性（$F_{(2,311)}$ = 3.425，p = 0.034）对焦虑退缩影响显著，团体类别（$F_{(2,311)}$ = 0.976，p = 0.378）对焦虑退缩影响不显著。核心成员与边缘成员的焦虑退缩差异显著（p = 0.016），边缘成员（2.00）显著高于核心成员（1.81），核心成员与次级成员（p = 0.236），次级成员与边缘成员（p = 0.178）的焦虑退缩差异不显著。次级团体与边缘团体学生的焦虑退缩差异显著（p = 0.016），边缘团体

（1.93）显著高于次级团体（1.77），核心团体与次级团体（p = 0.205），核心团体与边缘团体（p = 0.537）的焦虑退缩差异不显著。

个体在团体中的地位（$F_{(2,313)}$ = 4.521，p = 0.012）对社会能力（同伴评价）影响显著，团体属性（$F_{(2,313)}$ = 0.216，p = 0.806）、团体类别（$F_{(2,313)}$ = 1.444，p = 0.238）对社会能力（同伴评价）影响不显著。核心成员与边缘成员（p = 0.002）、次级成员与边缘成员（p = 0.045）的社会能力（同伴评价）差异显著，边缘成员（0.010）显著低于核心成员（0.036）和次级成员（0.028），核心成员与次级成员（p = 0.219）的社会能力（同伴评价）差异不显著。

个体在团体中的地位（$F_{(2,313)}$ = 3.535，p = 0.030）、团体属性（$F_{(2,313)}$ = 10.032，p = 0.000）及团体类别（$F_{(2,313)}$ = 10.189，p = 0.000）对攻击行为影响显著。核心成员与次级成员的攻击行为差异边缘显著（p = 0.098），核心成员（0.032）高于次级成员（0.022），核心成员与边缘成员（p = 0.145），次级成员与边缘成员（p = 0.949）攻击行为差异不显著。核心团体与次级团体（p = 0.002）、边缘团体（p = 0.000）攻击行为差异显著，核心团体（0.053）显著高于次级团体（0.027）、边缘团体（0.017），次级团体与边缘团体（p = 0.138）的攻击行为差异不显著。男生团体与女生团体（p = 0.000）的攻击行为差异显著，女生团体与混合团体（p = 0.024）的攻击行为差异显著，女生团体（0.011）显著低于男生团体（0.038）和混合团体（0.029）。男生团体与边缘团体的攻击行为差异不显著（p = 0.244）。

个体在团体中的地位（$F_{(2,309)}$ = 0.008，p = 0.992）对学业成就影响不显著，团体属性（$F_{(2,309)}$ = 3.447，p = 0.033）、团体类别（$F_{(2,309)}$ = 8.750，p = 0.000）对学业成就影响显著。核心团体与边缘团体（p = 0.015），次级团体与边缘团体（p = 0.043）学业成就

差异显著，边缘团体（0.188）显著高于核心团体（-0.122）和次级团体（-0.021），核心团体与次级团体成绩差异不显著（p = 0.453）。男生团体与女生团体（p = 0.000）、男生团体与混合团体（p = 0.045）的成绩差异显著，男生团体（-0.152）显著低于女生团体（0.299）和混合团体（0.095），女生团体与混合团体成绩差异不显著（p = 0.108）。

个体在团体中的地位（$F_{(2,296)} = 3.997$，p = 0.019）对初三学生抑郁影响显著。核心成员的抑郁得分显著低于边缘成员（p = 0.01）。团体属性（$F_{(2,296)} = 0.351$，p = 0.704）及团体类别（$F_{(2,296)} = 0.796$，p = 0.452）对抑郁影响不显著。

团体类别（$F_{(2,296)} = 2.361$，p = 0.096）、个体在团体中地位（$F_{(2,296)} = 0.446$，p = 0.640）及团体属性（$F_{(2,296)} = 3.114$，p = 0.046）对初三学生孤独影响显著。

（4）初四

表1—17为初四各类成员社会适应变量的平均数与标准差。

表1—17　　　　初四各类团体成员社会适应变量的描述统计

			社会能力（教师评价）	违纪/被排斥	亲社会行为	焦虑退缩	社会能力（同伴评价）	攻击行为	学业成就	抑郁	孤独
城市	个体属性	核心	3.19 (0.91)	2.3 (0.43)	3.81 (0.71)	1.71 (0.52)	0.024 (0.056)	0.017 (0.037)	0.005 (0.936)	1.26 (0.29)	1.77 (0.62)
		次级	3.21 (0.77)	2.25 (0.47)	3.79 (0.7)	1.81 (0.67)	0.016 (0.045)	0.008 (0.014)	0.253 (1.100)	1.27 (0.29)	1.75 (0.59)
		边缘	3.13 (0.66)	2.34 (0.45)	3.58 (0.68)	1.79 (0.53)	0.005 (0.007)	0.018 (0.066)	0.361 (0.813)	1.32 (0.35)	2.05 (0.61)
	团体属性	核心	3.37 (0.72)	2.23 (0.41)	3.98 (0.63)	1.79 (0.58)	0.026 (0.057)	0.014 (0.034)	0.477 (0.798)	1.23 (0.26)	1.71 (0.55)

续表

			社会能力（教师评价）	违纪/被排斥	亲社会行为	焦虑退缩	社会能力（同伴评价）	攻击行为	学业成就	抑郁	孤独
城市	团体属性	次级	2.85(0.75)	2.40(0.48)	3.48(0.67)	1.80(0.60)	0.004(0.004)	0.014(0.050)	−0.304(0.844)	1.31(0.33)	1.96(0.64)
		边缘	3.62(0.88)	2.17(0.37)	3.93(0.69)	1.57(0.45)	0.025(0.062)	0.012(0.029)	0.616(1.195)	1.28(0.32)	1.74(0.67)
	团体类别	男	3.05(0.73)	2.37(0.42)	3.59(0.7)	1.76(0.60)	0.019(0.053)	0.016(0.027)	0.121(0.948)	1.25(0.28)	1.80(0.65)
		女	3.28(0.98)	2.4(0.55)	3.95(0.75)	1.72(0.56)	0.004(0.006)	0.006(0.011)	−0.196(1.274)	1.28(0.31)	1.83(0.55)
		混合	3.22(0.79)	2.22(0.41)	3.77(0.67)	1.78(0.57)	0.019(0.049)	0.015(0.05)	0.307(0.841)	1.28(0.31)	1.83(0.63)
农村	个体属性	核心	2.88(0.78)	2.25(0.46)	3.5(0.77)	1.69(0.51)	0.032(0.042)	0.033(0.047)	0.001(0.723)	1.14(0.23)	1.69(0.50)
		次级	2.85(0.64)	2.20(0.42)	3.46(0.7)	1.8(0.58)	0.023(0.029)	0.017(0.028)	−0.123(0.780)	1.14(0.16)	1.77(0.49)
		边缘	2.87(0.74)	2.15(0.46)	3.27(0.72)	1.62(0.5)	0.03(0.061)	0.017(0.021)	−0.033(0.714)	1.15(0.16)	1.87(0.55)
	团体属性	核心	2.56(0.71)	2.58(0.45)	3.35(0.87)	1.75(0.52)	0.016(0.011)	0.038(0.062)	−0.516(0.703)	1.25(0.30)	1.79(0.48)
		次级	2.90(0.67)	2.37(0.44)	3.52(0.70)	1.74(0.54)	0.025(0.023)	0.037(0.044)	−0.145(0.745)	1.15(0.23)	1.75(0.54)
		边缘	2.89(0.77)	2.04(0.37)	3.41(0.76)	1.69(0.54)	0.034(0.055)	0.014(0.024)	0.109(0.699)	1.12(0.15)	1.73(0.49)
	团体类别	男	2.69(0.66)	2.40(0.47)	3.35(0.73)	1.73(0.55)	0.019(0.018)	0.037(0.051)	−0.234(0.725)	1.15(0.21)	1.73(0.51)
		女	3.01(0.74)	2.40(0.36)	3.59(0.77)	1.72(0.52)	0.033(0.046)	0.012(0.018)	0.066(0.639)	1.11(0.15)	1.72(0.5)
		混合	2.92(0.76)	2.18(0.41)	3.41(0.7)	1.68(0.54)	0.037(0.058)	0.025(0.032)	0.079(0.823)	1.17(0.22)	1.79(0.54)

方差分析结果显示，在城市学校，个体在团体中的地位（$F_{(2,177)}$ = 0.049，p = 0.953）、团体类别（$F_{(2,177)}$ = 0.996，p = 0.371）对社会能力（教师评价）影响不显著，团体属性（$F_{(2,177)}$ = 14.743，p = 0.000）对学生的社会能力（教师评价）影响显著。核心团体与次级团体（p = 0.000）、次级团体与边缘团体（p = 0.000）的社会能力（教师评价）差异显著，次级团体（2.85）分数显著低于核心团体（3.37）、边缘团体（3.62），核心团体与边缘团体（p = 0.130）的社会能力（教师评价）差异不显著。

个体在团体中的地位（$F_{(2,177)}$ = 0.307，p = 0.736）及团体类别（$F_{(2,177)}$ = 2.883，p = 0.059）对违纪/被排斥影响不显著，团体属性（$F_{(2,177)}$ = 4.091，p = 0.018）对违纪/被排斥影响显著。核心团体与次级团体的违纪/被排斥差异显著（p = 0.017），次级团体与边缘团体的违纪/被排斥差异显著（p = 0.015），次级团体（2.40）显著高于核心团体（2.23）、边缘团体（2.17），核心团体与边缘团体违纪/被排斥差异不显著（p = 0.524）。

个体在团体中的地位（$F_{(2,177)}$ = 2.229，p = 0.111）对亲社会行为影响不显著，团体属性（$F_{(2,177)}$ = 15.864，p = 0.000）及团体类别（$F_{(2,177)}$ = 4.364，p = 0.014）对亲社会行为影响显著。核心团体与次级团体的亲社会行为差异显著（p = 0.000），次级团体与边缘团体学生的亲社会行为差异显著（p = 0.001），次级团体（3.48）显著低于核心团体（3.98）、边缘团体（3.93），核心团体与边缘团体的亲社会行为差异不显著（p = 0.728）。男生团体与女生团体的亲社会行为差异显著（p = 0.012），男生团体显著低于女生团体，男生团体与混合团体（p = 0.100）、女生团体与混合团体（p = 0.161）的亲社会行为差异不显著。

个体在团体中的地位（$F_{(2,177)}$ = 0.971，p = 0.381）、团体属性（$F_{(2,177)}$ = 2.305，p = 0.103）及团体类别（$F_{(2,177)}$ = 0.148，p =

0.862）对焦虑退缩影响不显著。

个体在团体中的地位（$F_{(2,190)} = 3.790$，$p = 0.024$）、团体属性（$F_{(2,190)} = 6.564$，$p = 0.002$）对社会能力（同伴评价）影响显著，团体类别（$F_{(2,190)} = 1.521$，$p = 0.221$）对社会能力（同伴评价）影响不显著。核心成员与边缘成员的社会能力（同伴评价）差异显著（$p = 0.022$），核心成员（0.024）显著高于边缘成员（0.005），核心成员与次级成员（$p = 0.261$）、次级成员与边缘成员（$p = 0.205$）的社会能力（同伴评价）差异不显著。核心团体与次级团体的社会能力（同伴评价）差异显著（$p = 0.001$），次级团体与边缘团体的社会能力（同伴评价）差异显著（$p = 0.021$），次级团体（0.004）显著低于核心团体（0.026）、边缘团体（0.025），核心团体与边缘团体的社会能力（同伴评价）差异不显著（$p = 0.849$）。

个体在团体中的地位（$F_{(2,190)} = 1.191$，$p = 0.306$）、团体属性（$F_{(2,190)} = 0.098$，$p = 0.907$）及团体类别（$F_{(2,190)} = 0.919$，$p = 0.401$）对攻击行为影响不显著。

个体在团体中的地位（$F_{(2,169)} = 2.012$，$p = 0.137$）对学业成就影响不显著，团体属性（$F_{(2,169)} = 17.874$，$p = 0.000$）、团体类别（$F_{(2,169)} = 3.148$，$p = 0.045$）对学业成就影响显著。核心团体与次级团体（$p = 0.000$）、次级团体与边缘团体（$p = 0.000$）的学业成就差异显著，次级团体（-0.304）显著低于核心团体（0.477）、边缘团体（0.616），核心团体与边缘团体学生的学业成就差异不显著（$p = 0.473$）。男生团体与女生团体（$p = 0.113$）、混合团体（$p = 0.241$）的成绩差异不显著，女生团体与混合团体的成绩差异显著（$p = 0.004$），混合团体（0.307）显著高于女生团体（-0.196）。

个体在团体中的地位（$F_{(2,164)} = 0.947$，$p = 0.390$）、团体属性

（$F_{(2,164)} = 1.568$，$p = 0.212$）及团体类别（$F_{(2,164)} = 0.129$，$p = 0.879$）对初四学生抑郁影响不显著。

个体在团体中的地位（$F_{(2,164)} = 4.089$，$p = 0.019$）、团体属性（$F_{(2,164)} = 3.755$，$p = 0.025$）对初四学生孤独影响显著。次级成员的孤独得分显著低于边缘成员的孤独得分（$p = 0.05$）；核心团体的孤独得分显著低于次级团体的孤独得分（$p = 0.050$）。团体类别（$F_{(2,239)} = 0.138$，$p = 0.871$）对初四学生孤独影响不显著。

在农村学校，个体在团体中的地位（$F_{(2,245)} = 0.028$，$p = 0.972$）对社会能力（教师评价）影响不显著，团体属性（$F_{(2,245)} = 2.794$，$p = 0.063$）、团体类别（$F_{(2,245)} = 5.797$，$p = 0.003$）对社会能力（教师评价）影响显著。核心团体与次级团体（$p = 0.063$）、核心团体与边缘团体（$p = 0.062$）的社会能力（教师评价）差异边缘显著，核心团体（2.56）显著低于次级团体（2.90）、边缘团体（2.89），次级团体与边缘团体（$p = 0.961$）的社会能力（教师评价）差异不显著。男生团体与女生团体（$p = 0.003$）、混合团体（$p = 0.042$）的社会能力（教师评价）差异显著，男生团体（2.69）显著低于女生团体（3.01）和混合团体（2.92），女生团体与混合团体（$p = 0.436$）的社会能力（教师评价）差异不显著。女生团体学生的社会能力（教师评价）高于混合团体及男生团体。

个体在团体中的地位（$F_{(2,245)} = 3.191$，$p = 0.043$）、团体属性（$F_{(2,245)} = 20.457$，$p = 0.000$）及团体类别（$F_{(2,245)} = 11.191$，$p = 0.000$）对违纪/被排斥影响显著。核心成员与次级成员（$p = 0.030$）、边缘成员（$p = 0.000$）的违纪/被排斥差异显著，核心成员（2.25）显著高于次级成员（2.20）、边缘成员（2.15）。次级团体与边缘团体（$p = 0.000$）的违纪/被排斥差异显著，次级团体（2.37）显著高于边缘团体（2.04）。男生团体分别与女生团体（$p = 0.000$）、混合团体（$p = 0.000$）的违纪/被排斥差异显著，女生团体与混合团体（p = 0.025）的违纪/被排斥差异显著，男生团体（2.40）、女生团体（2.04）和混合团体（2.18）之间两两差异显著，男生团体分数最高，混合团体次之，女生团体分数最低。

个体在团体中的地位（$F_{(2,245)}$ = 1.431，p = 0.241）、团体属性（$F_{(2,245)}$ = 2.557，p = 0.080）对亲社会行为影响不显著，团体类别（$F_{(2,245)}$ = 3.356，p = 0.036）对亲社会行为影响显著。男生团体与女生团体学生的亲社会行为差异显著（p = 0.032），女生团体（3.59）显著高于男生团体（3.35），男生团体与混合团体（p = 0.645）、女生团体与混合团体（p = 0.128）学生的亲社会行为差异不显著。

个体在团体中的地位（$F_{(2,245)}$ = 1.780，p = 0.171）、团体属性（$F_{(2,245)}$ = 0.352，p = 0.704）及团体类别（$F_{(2,245)}$ = 0.119，p = 0.887）对焦虑退缩影响不显著。

个体在团体中的地位（$F_{(2,255)}$ = 0.850，p = 0.429）、团体属性（$F_{(2,255)}$ = 1.917，p = 0.149）对社会能力（同伴评价）影响不显著，团体类别（$F_{(2,255)}$ = 3.806，p = 0.024）对社会能力（同伴评价）影响显著。男生团体与女生团体（p = 0.023）及混合团体（p = 0.006）的社会能力（同伴评价）差异显著，男生团体（0.019）显著低于女生团体（0.033）和混合团体（0.037），女生团体与混合团体学生的社会能力（同伴评价）差异不显著（p = 0.532）。

个体在团体中的地位（$F_{(2,255)}$ = 9.398，p = 0.000）、团体属性（$F_{(2,255)}$ = 8.850，p = 0.000）及团体类别（$F_{(2,255)}$ = 6.533，p = 0.002）对攻击行为影响显著。核心成员与次级成员（p = 0.002）、边缘成员（p = 0.008）的攻击行为差异显著，核心成员（0.033）显著高于次级成员（0.017）、边缘成员（0.017），次级成员与边缘成员的攻击行为差异不显著（p = 0.899）。核心团体与边缘团体的攻击行为差异显著（p = 0.006），次级团体与边缘团体的攻击行为差异显著（p = 0.000），边缘团体（0.014）显著低于核心团体（0.038）、次级团体（0.037），核心团体与次级团体的攻击行为差异不显著（p = 0.932）。男生团体与女生团体（p = 0.000）、混合团体（p = 0.036），女生团体与混合团体的攻击行为差异显著（p = 0.019），男生团体（0.037）、女生团体（0.012）、混合团体（0.025）三者之间两两差异显著，男生团体分数最高，混合团体次之，女生团体分数最低。

个体在团体中的地位（$F_{(2,242)} = 0.489$，p = 0.614）对学业成就影响不显著，团体属性（$F_{(2,242)} = 7.079$，p = 0.001）、团体类别（$F_{(2,242)} = 4.335$，p = 0.014）对学业成就影响显著。核心团体与次级团体（p = 0.038）、边缘团体（p = 0.000），次级团体与边缘团体（p = 0.007）的学业成就差异均显著，核心团体（ - 0.516）、次级团体（ - 0.145）、边缘团体（0.109）三者之间两两差异显著，边缘团体分数最高，次级团体次之，核心团体分数最低。男生团体与女生团体（p = 0.005）、混合团体（p = 0.006）的学业成就差异显著，男生团体（ - 0.234）显著低于女生团体（0.066）、混合团体（0.079），女生团体与混合团体学业成就差异不显著（p = 0.908）。

个体在团体中的地位（$F_{(2,239)} = 0.005$，p = 0.995）及团体类别（$F_{(2,239)} = 0.695$，p = 0.500）对初四学生抑郁影响不显著。团体属性（$F_{(2,239)} = 3.044$，p = 0.050）对初四学生抑郁影响显著，核心团体的抑郁得分显著低于边缘团体（p = 0.026）。

个体在团体中的地位（$F_{(2,239)} = 2.014$，p = 0.136）、团体属性（$F_{(2,239)} = 0.084$，p = 0.919）及团体类别（$F_{(2,239)} = 0.138$，p = 0.871）对初四学生孤独影响不显著。

2. 讨论

从个体的团体地位来看，在社会能力方面，核心成员的水平较高（初一、初三和初四）；亲社会行为方面，核心成员表现出较高的水平（初一和初四）；在违纪/被排斥方面，核心成员分数高（初二、初四）；在攻击行为方面，核心成员的分数（初一、初三、初四）都表现出较高的水平。核心成员的积极行为（社会能力、亲社会行为）和消极行为（违纪/被排斥、攻击行为）都表现出较高的水平。

从团体属性来看，多数情况下，核心团体的社会能力表现出较高的水平（初一、初二城市、初三农村、初四），只有在农村学校初二时，次级团体的社会能力表现出较高的水平。亲社会行为方面，核心团体表现出较高的水平（城市学校初一、初二、初四）和次级团体表现出较高水平（农村学校初二）。学业成就方面，核心团体表现出较高的水平（农村初一、城市初二和初四），初三、初四农村学校边缘团体表现出较高水平。违纪/被排斥方面，农村学校的核心团体分数较高（初一、初二、初三、初四），城市学校次级团体分数高（初二、初三、初四）。攻击行为方面，农村学校核心团体分数高（初一、初三、初四）。焦虑退缩方面，核心团体分数低（初二、初三）。核心团体在积极行为（社会能力、亲社会行为）和消极行为（违纪/被排斥、攻击行为）方面都表现出较高的水平。

核心成员是被提名次数 $\geqslant$（0.70 × CIi）的成员（CIi 是个体所属团体的中心性指标 CI）。核心团体是指那些 CI $\geqslant$（0.70 × CIh）的团体（其中 CIh 是班级社交团体 CI 排名最高的那个团体中的两个被提名最多的人的平均被提名次数）。团体属性是指团体成员提名的集中程度，核心团体的集中程度最高，次级团体次之，边缘团体最低。

核心成员、核心团体社会适应表现出较高水平，这一结果还与本书研究使用的研究方法存在一定的关联。本书研究使用同伴提名的方法获得同伴团体的数据，在交往中与他人互动频繁的个体容易被同伴辨识，这些个体更有可能被提名，被提名的概率高。与同伴交往所表现出的行为，既有积极的也有消极的，所以，核心成员社会适应的积极行为和消极行为都表现出较高的水平。此外，个体社会行为的表现频率是其在团体中影响力高低的决定因素之一，由于个体间因兴趣、爱好、行为倾向、个性特征等相似而相互吸引，表现出较多消极特征（违纪/被排斥、攻击行为）的个体也是有"同类"喜欢的，被提名的概率也较高。

从团体类别来看，教师评价的社会能力方面，女生团体高于男生团体、混合团体（农村初一、初三、初四）。同伴评价的社会能力方面，在城市学校初三时，男生团体高于女生团体。亲社会行为方面，女生团体高于男生团体（初一、初三、初四）。在积极行为方面（社会能力、亲社会行为）女生团体表现突出，高于男生团体、混合团体。在消极行为方面（违纪/被排斥、攻击行为），男生团体分数最高，混合团体次之，女生团体最低。

周凯（2001）的研究显示，女生的"人际关系—交流能力"和"调节情绪—解决问题"能力高于男生，女生的危险行为得分低于男生，两者有显著性差异（p < 0.01）。女生的社会能力高于男生，所以，女生团体的社会能力分数高也就顺理成章了。

多数研究认为攻击行为存在性别差异。对香港中学生的调查发现，男孩的攻击行为多于女孩（丘海雄，1989）。在安徽、云南、黑龙江等15省的调查发现，小学、初中和高中阶段，身体攻击、言语攻击和愤怒三个方面，男孩的分数都高于女孩。王丽（2003）的研究显示，中小学生亲社会行为的发展存在显著的性别差异，这种差异的表现之一是女生的亲社会行为要多于男生。崔丽霞（2005）的研究认为，男生的攻击行为和违纪行为显著高于女生。郑淑杰（2012）的研究显示：男女生在攻击行为方面的差异，在

2—2.5 岁时就可表现出来，而且在自然观察的情境中比在严格控制的实验室中更为明显；男孩对攻击行为进行反击明显多于女孩；从攻击的方式来看，女孩多使用言语攻击（孤立、散布谣言和诽谤），男孩较多使用身体攻击。男孩对同性的攻击多使用身体攻击，但是对异性的攻击较少使用身体攻击。由于男孩的攻击行为多于女孩，所以男生团体的攻击行为多于女生团体。

焦虑退缩方面，在农村学校，初一男生团体分数最高，女生团体次之，混合团体最低。初二女生团体高于混合团体。崔丽霞（2005）的研究认为，女生的退缩行为和考试焦虑高于男生。刘卓娅（2011）和贾惠侨（2013）都认为女生焦虑水平高于男生。朱淑湘（2015）的研究发现，女孩表现出的社交退缩行为更多；儿童的社交退缩行为存在一定的发展性，部分儿童的社交退缩行为会随着年龄的增长而减少，但仍有一部分儿童的社交退缩行为会保留到青春期以后。本书研究中，农村学校初二时女生团体的焦虑退缩高于混合团体，这与前人研究的结果一致。但是在初一时男生团体分数最高，这是用以往研究结果无法解释的，有待后续研究的关注。

前人的研究认为，团体规范和团体地位对成员的学业成就有影响。胡姆（Hamm，2011）以 1741 名六年级美国儿童为被试者的研究显示，团体规范对成员的努力和学业态度有影响。威尔逊以 775 名小学生（四年级 382 人、五年级 393 人）为被试者的研究中，根据团体中包含成员（核心成员、次级成员和边缘成员）的种类，区分了团体的等级结构：低等级团体（包含一种成员的团体）、中等级团体（包含两种成员的团体）、高等级团体（包含三种成员的团体）。结果表明，青少年早期，同伴团体等级对非裔和欧裔美国学生的学业成就（数学和阅读）都有消极影响，等级高的团体消极影响大；在控制了被试者的社会经济地位后，在同伴团体中地位高的成员学业成就更好。

　　本书研究结果没有发现团体规范和团体地位对成员的学业成就有影响，但是团体类别对学业成就有影响。在学业成就变量方面，初一时，女生团体高于男生团体、混合团体（城市和农村学校的初一）。初二时，男、女、混合团体之间差异不显著。初三时，在城市学校混合团体学业成就分数最低，在农村学校男生团体显著低于女生团体、混合团体。初四时，在城市学校，混合团体高于女生团体，在农村学校，男生团体显著低于女生团体、混合团体。在学业成就方面，初一时女生团体具有优势，到初三、初四时混合团体表现出一定的优势。

　　很多研究认为男生成绩普遍低于女生，成绩的性别差异明显。但是，王进（2013）的研究发现，男生学习成绩落后女生的现象，多存在于学习环境相对较差的学校；在这样的学校中，男生容易形成反学校的认知、态度和行为，而女生反学校的认知、态度和行为弱于男生，从而造成不同性别在学习成绩上的差异。本书研究被试者取自两所学校，其中一所位于农村，教学条件和环境不理想，且农村学校的被试者人数多于城市学校的被试者人数，这可能是造成本书研究中女生学业成就优于男生学业成就的原因。

参考文献

崔丽霞、雷雳：《中学生问题行为群体特征的多视角研究》，《心理发展与教育》2005 年第 3 期。

陈会昌、叶子：《群体社会化发展理论述评》，《教育理论与实践》1997 年第 4 期。

郭培方：《群体社会化理论述评》，《山东师大学报（社会科学版）》1998 年第 5 期。

郭继祥：《对乡村学生青春期异性交往情况的调查与思考》，《潍坊学院学报》2006 年第 2 期。

高倩：《相似性对人际吸引的影响：熟悉性和情绪的作用机制》，华中师范大学硕士学位论文，2009 年。

黄心洁、韩娟、吴汉荣：《湖北省高中生性别认同、异性交往及性相关心理行为情绪反应调查》，《医学与社会》2011 年第 9 期。

蒋有慧：《初中生异性交往心理发展的特点》，《教育研究》1991 年第 3 期。

贾惠侨、陈海燕、姚树桥、柴巧莲、郭骁、杨伯艳：《中学生认知情绪调节策略对焦虑的预测作用》，《中国健康心理学杂志》2013 年第 7 期。

金灿灿、邹泓：《中学生班级环境、友谊质量对社会适应影响的多层线性模型分析》，《中国特殊教育》2012 年第 8 期。

李鹰：《中学生异性交往现状的调查与研究》，《当代教育科学》2005 年第 17 期。

刘卓娅、余毅震、张萍、孟仙：《儿童青少年社交焦虑与攻击性行为关系》，《中国学校卫生》2011 年第 8 期。

丘海雄：《从性别差异看香港青少年的偏差行为》，《香港青少年》1989 年第 2 期。

全莉娟、姚本先：《女中学生人际交往的基本特点分析》，《中华女子学院山东分院学报》2008 年第 4 期。

王丽：《中小学生亲社会行为与同伴关系、人际信任、社会期望及自尊的关系研究》，陕西师范大学硕士学位论文，2003 年。

王磊：《青少年异性交往心理问题研究综述》，《心理科学》2004 年第 4 期。

王进、陈晓思：《学校环境与学生成绩的性别差异——一个基于广州市七所初中的实证研究》，《社会》2013 年第 5 期。

王卓琳、罗观翠：《论社会认同理论及其对社会集群行为的观照域》，《求索》2013 年第 11 期。

沃建中、林崇德、马红中等：《中学生人际关系发展特点的研究》，《心理发展与教育》2001 年第 3 期。

杨雄：《青春期与性——中国大城市青少年性意识性行为跟踪研究》，上海大学出版社 2006 年版。

杨渝川、郑淑杰、陈欣银等：《同伴团体对儿童青少年学业成就和社会功能关系的影响》，《心理学探新》2003 年第 86 期。

周晓虹：《现代社会心理学》，上海人民出版社 1997 年版。

邹泓：《同伴接纳、友谊与学校适应的研究》，《心理发展与教育》1997 年第 3 期。

张金玲：《初中生异性交往认知、行为研究》，鲁东大学硕士学位论文，2009 年。

郑淑杰：《儿童社会性发展与培养》，中国社会科学出版社 2012 年版。

朱淑湘：《儿童的社交退缩、情绪识别能力与父母共情能力的关系及社交退缩的干预》，湖南师范大学硕士学位论文，2015 年。

张景焕、李镇力：《中学生性生理·性心理发展及其相关因素的研究》，《教育研究》1996 年第 5 期。

周凯、叶广俊：《1171 名中学生的心理社会能力及其危险行为的研究》，《中国公共卫生》2001 年第 1 期。

张莹瑞、佐斌：《社会认同理论及其发展》，《心理科学进展》2006 年第 3 期。

Brown B. B., Clasen D. R. & Eicher S. A. (1986). Perceptions of Peer Pressure, Peer Conformity Dispositions, and Self-reported Behavior Among Adolescents. *Developmental Psychology*, 22, pp. 521 – 530.

Bagwell C., Coie J., Terry R. & Lochman J. (2000). Peer Clique Participation and Social Status in Preadolescence. *Merrill-Palmer Quarterly*, 46 (2), pp. 280 – 305.

Berger. C. & Rodkin P. C. (2012). Group Influences on Individual Aggression and Prosociality: Early Adolescents Who Change Peer Affiliationssode. *Social Development*, 21 (2), pp. 396 – 413.

Chang L. (2004). The Role of Classroom Norms in Contextualizing the Relations of Children's Social Behaviors to Peer Acceptance. *Developmental Psychology*, 40 (5), pp. 691 – 702.

Cairns R. B., Cairns B. D., Neckerman H. J., Gest S. D. & Gariepy J. L. (1988). Social Networks and Aggressive Behavior: Peer Support or Peer Rejection? *Developmental Psychology*, 24 (6), pp. 815 – 823.

Cairns R., Leung M., Buchanan L. & Cairns B. (1995). Friendships and Socialnetworks in Childhood and Adolescence: Fluidity, Reliability, and Interrelations. *Child Development*, 66 (5), pp. 1330 – 1345.

Chan A. & Poulin F. (2007). Monthly Changes in the Composition of Friendship Networks in Early Adolescence. *Merrill-Palmer Quarterly*, 53 (4), pp. 578 – 602.

Duffy A. L. & Nesdale. D. (2009). Peer Groups, Social Identity, and Children's Bullying Behavior. *Social Development*, 18 (1), pp. 121 – 139.

Dishion T. D., Spracklen K. M. & Andrews D. W. (1996). Original Research Deviancy Training in Male Adolescent Friendships. *Behavior Therapy*, 27 (3), pp. 373 – 390.

Espelage D., Holt M. & Henkel R. (2003). Examination of Peer-group Contextual Effects on Aggression During Early Adolescence. *Child Development*, 74 (1), pp. 205 – 220.

Ellis W. & Zarbatany L. (2007). Peer Group Status As a Moderator of Group Influence on Children's Deviant, Aggressive, and Prosocial Behavior. *Child Development*, 78 (4), pp. 1240 – 1254.

Gavin L. A. & Furman, W. (1989). Age Differences in Adolescents' Perceptions of Their Peer Groups. *Develop menial Psychology*, 25 (5), pp. 827 – 834.

Harris J. R. (1995). Where Is the Child's Environment? A Group Socialization Theory of Development. *Psychological Revie*, 102 (3), pp. 458 – 489.

Hamm J. V., Schmid L., Farmer T. W., Locke B., Hamm. J. V., Schmid L., Farmer T. W. & Locke. B. (2011). Injunctive and Descriptive Peer Group Norms and the Academic Adjustment of Rural Early Adolescents. *Journal of Early Adolescence*, 31 (1), pp. 41 – 37.

Kandel D. (1978). Homophily, Selection, and Socialization in Adolescent Friendships. *American Journal of Sociology*, 84 (2), pp. 427 – 436.

Popp D., Laursen B., Kerr M., Stattin H. & Burk W. (2008). Modeling Homophily Over Time With an Actor-partner Interdependence Model. *Developmental Psychology*, 44 (4), pp. 1028 – 1039.

Rubin K. H., Bukowski W., & Parker J. G. (2006). Peer Interactions, Relationships, and Groups. In W. Damon & N. Eisenberg (Ed.), *Handbook of Child Psychology: Social, Emotional, and Personality Development*, pp. 619 – 700.

Rutland A., Cameron L., Jugert P., Nigbur D., Brown R., Watters C., Hossain R., Landau A. & Touze. D. L. (2012). Group Identity and Peer Relations: A Longitudinal Study of Group Identity, Perceived Peer Acceptance, and Friendships Amongst Ethnic Minority English Children. *British Journal of Developmental Psychology*, 30 (2), pp. 283 – 302.

Steinberg L., Dornbusch S. M. & Brown, B. B. (1992). Ethnic Differences in Adolescent Achievement: An Ecological Perspective. *American Psychologist*, 47 (6), pp. 723 – 729.

Schwartz D., Kelly B. M. & Duong M. T. (2013). Do Academically-engaged Adolescents Experience Social Sanctions from the Peer Group? *Joural of Youth Adolescence*, 42 (9), pp. 1319 – 1330.

Tarrant M. (2002). Adolescent Peer Group and Social Identity. *Social Development*, 11

(1), pp. 110 – 123.

Werner N. & Hill L. (2010). Individual and Peer Group Normative Beliefs about Relational Aggression. *Child Development*, 81 (3), pp. 826 – 836.

Wilson T. , Karimpour R. & Rodkin P. C. (2011). African American and European Americanstudents' Peer Groups during Early Adolescence: Structure, Status, and Academic Achievement. *Journal of Early Adolescence*, 31 (1), pp. 74 – 98.

Witvliet M. , Olthof T. , Hoeksma J. B. , Goossens F, A. , Smits M. S. I. & Koot H. M. (2010). Peer Group Affiliation of Children: The Role of Perceived Popularity, Likeability, and Behavioral Similarity in Bullying. *Social Development*, 19 (2), pp. 285 – 303.

第 二 章

亲子关系

第一节 文献综述

一 亲子关系概念及其特征

亲子关系是指父母与孩子之间的一种人际关系，是儿童最早建立的人际关系。

（一）亲子关系是一种人际关系

欣德（Hinde，1987）认为，人际关系包括两个非陌生个体之间的一系列互动，互动是指个体之间一系列的具体交换。在互动的基础上形成一定的人际关系。所以，人际关系不仅指互动，而且指互动与（人际）关系双向联系的过程，互动既影响到人际关系，也受到人际关系的影响，而互动和人际关系又源于个体的心理过程。所以，亲子关系是指亲子之间的互动，以及互动与亲子关系的相互影响。

欣德强调互动与人际关系之间的关系，并且对两者要进行很好的区分。目前，尽管有的研究声称是在研究亲子关系，但实际上是在研究亲子互动，并没有讨论亲子关系所包括的内容是什么，以及亲子关系是如何在互动基础上形成的。

亲子互动与亲子关系的区别是：

从内容看，人际关系不仅包括人际互动，还包括互动之外的其他内容，人际关系比互动包括的内容多。除互动外，人际关系还受信仰、价值、承诺、目标、情感、期望等变量的影响，而这些特征在观察的具体互动中是无法研究的。

从时间维度看，人际关系比互动持续的时间长。互动和交换是在某一特定的时间点发生的，而人际关系是在过去、现在和将来的时间轴上持续。

从抽象程度来看，父母与儿童的互动是一个在时间维度上的持续交换，包含着双方个体的构成要素。每一次互动都有特定的主题，如儿童的作息时间、学校的生活等，大量主题不同的互动构成了亲子关系。人际关系包含的内容比互动内容更为抽象。

目前，我们对互动是如何影响亲子关系的，以及亲子关系是如何影响互动的，都不是很清楚。欣德强调认知和情感因素在从互动向人际关系转化过程中的作用，如互动中的个体对人际关系、互动的期待，对互动的情绪反应等都影响到亲子关系。

（二）亲子关系是一种亲密的人际关系

在儿童的人际关系中，与父母建立的关系是最为亲密的。探讨亲密关系与其他人际关系的差异，将有助于更好地理解亲子关系。

亲密人际关系的特征之一是具有较强的相互影响，这种影响是长期存在的，通过多种方式得以实现。亲子关系表现出了亲密人际关系的核心特征：持续时间长久、即使空间分离但关系仍在延续、有强烈的情感投入和承诺等。

与此同时，亲子关系也表现出与其他亲密人际关系的不同之处。亲子关系不是典型的交换关系，父母与孩子双方的付出不成比例，父母的付出要远远多于孩子的付出。亲子关系不是典型的对等关系，孩子不需要对父母负责，但父母要对孩子负责，父母对孩子的需要能很好地认知，但孩子对父母的需要不能很好地理解。

总之，亲子关系具有其他人际关系所具有的要素，同时也具有自己独特的特征。这种独特性主要表现为较强的承诺性、义务性和不对等性。

（三）亲子关系不同于教养行为

在亲子关系中，有人强调要把教养行为与亲子关系区分开来。教养行为是指父母在养育孩子过程中表现出的特征，如接纳、控制等，这些不同特征的组合就构成了教养方式——权威型、专制型、忽视型等。当然，特定的教养行为是与亲子关系有联系的。例如，专制的父母对孩子表现出的控制和强硬要求比较突出，孩子对父母的这种行为，有的服从，有的抵抗，于是就形成了不同的亲子关系。因此，一旦考虑到儿童的特征，那么亲子关系就不是简单的要求与服从、要求与抵抗（冲突）。亲子关系必须同时考虑双方的特征，以往亲子关系的研究，过分强调父母而忽视了孩子。

在研究儿童社会化过程中，同样存在着只强调父母一方而忽视儿童的倾向。讨论家庭在社会化过程中的作用时，将亲子关系作为核心内容，但是只强调亲子关系对儿童的影响，或父母的行为、目标对儿童的影响。也就是说，关注父母对儿童行为和发展的影响而不是关注亲子关系本身。

（四）亲子关系是典型的垂直关系

哈吐普（Hartup，1989）将人际关系区分为垂直关系和水平关系，这与欣德对人际关系对称性与非对称性（对等）的区分很相似。父母与儿童的关系一般被认为是垂直的，因为父母比儿童拥有更多的知识和权利；相应的亲子关系被认为是不对称的、互补的。水平的关系只存在于双方是平等的关系（同伴关系）中，它以平等互惠、共同遵守规则、合作为特征。双方在权威或权利上的不对等（对称）是亲子关系的特征。

典型的垂直关系——不对称与互补是对亲子关系的基本认识。它有两个基本的特征，一是父母对儿童的控制，表现为父母纠正、训练儿童的行为；二是父母对儿童的帮助，即使是以儿童为中心的行为——提高儿童的活动兴趣，依然表现出父母和儿童双方的不同角色。

（五）水平关系的特征随着儿童的年龄增长而增加

与上述强调不对等性相反，有人指出亲子关系具有同伴关系的特征。随着年龄的增长，儿童对亲子关系所起的作用越来越大，水平关系体现得越明显，特别是儿童的权利分享和互惠性最能体现平等的水平关系。水平关系强调平等而不是互补，关注的是亲子关系的同步性、权利共享、互惠，通常用平等、合作、公平、平衡（对等）来描述这种关系。

互惠行为通常发生在参与者表现出相似行为时，互惠被视为是人与人关系（包括亲子）的基本特征。童年中期，在与父母互动中儿童表现出积极和消极两个方面的情绪与行为。例如，儿童可以接受父母的行为及亲子关系模式，也可以拒绝父母的行为及亲子关系模式，儿童的这种接受性与拒绝性就是互惠的具体表现。

权利分享是亲子水平关系的重要特征。这种关系意味着从童年早期到中期，亲子关系对儿童分享权利持开放的态度。合作、协商、共同作出决定、妥协、探讨游戏规则等都是权利分享的表现，分享权利在一定程度上就是父母放弃了权利，儿童在亲子关系中具有了一定的权利。

格德（Goede，2009）对荷兰1341名12岁（951名）到16岁（390名）青少年追踪三年的研究显示，从青少年早期到中期，父母对男孩的支持呈下降趋势；从青少年中期至晚期，父母对女孩的支持呈上升趋势，对男孩的支持是稳定不变的；在青少年中期，父母与孩子的冲突暂时增加；从青少年早期到晚期，父母的权利是下降的。这说明，在青少年期亲子关系更为平等。

二 亲子关系维度

亲子关系是一种复杂的人际关系，随时间发生着变化，因情景而不同。从哪些方面加以研究才能反映这种关系的本质一直是研究者感兴趣的课题，但该领域的研究存在着不同的观点。

诺德（Noller，1993）认为，可以从情感、冲突、权利和控制等多个维度来描述亲子关系的本质特征。杜克（Duck，1992）强调，沟通（言语的和非言语的）是人际关系的核心要素。霍奇斯（Hodges，1999）认为亲近和独立是亲子关系的主要问题，对亲近问题的讨论涉及满意度和承诺的问题。麦科比（Maccoby，1999）认为，就整体来看，亲子关系会因互动背景或情景的不同而表现出差异。例如，以游戏为背景的亲子互动所表现出的亲子关系特征不同于其他背景下的亲子关系特征。背景的不同，父母和儿童的角色会发生变化，所以应该存在多重的亲子关系而不是固定不变的亲子关系。还有从支持和冲突两个维度来研究亲子关系的，斯腾伯格（Steinberg，1981）就是从亲子亲和和亲子冲突两个维度来构建亲子关系的。

三 双向共建的亲子关系

尽管早有人强调儿童在社会中不是被动的，但是，到目前为止，在亲子关系中对儿童的作用、亲子关系的双向性和共建性的认识仍然不够。存在的问题是，研究者受到单一亲子关系模式研究假设的束缚：认为父母是积极的影响者而儿童是消极的接受者；只强调父母对儿童的影响；权利是不对等的，父母拥有更多的权利；亲子双方是分别参与互动的个体，而不是通过人际关系进行互动的。

亲子关系多重模式的理念，对先前的单一亲子关系模式提出了挑战。建立多重亲子关系模式的理念是平等、双向因果、人际关系背景下的互动、相互依赖而权利不对等。这种观点在理论层面上是可以理解的，但在实证层面上加以证明并非容易的事。如，将父母与儿童在亲子关系中的作用区分开来，说明父母与儿童共同形成亲子关系的过程与步骤等都是非常困难的。这种困难存在的原因之一是认知在亲子关系中的作用，例如，社交中害羞的儿童，有的父母对他们进行帮助，父母的这种帮助可以理解为是父母对儿童作出的反应，是儿童在亲子关系中表现出的对父母的影响。但是，并不是所有的父母对这样的儿童都给予同样的帮助，因为在有的文化中，害羞是一种积极的行为表现，是受到鼓励的。即儿童相同的行为对于不同父母来说具有不同的影响，父母对儿童行为的反应受父母对儿童行为认识（对害羞行为持有的价值判断）的影响。所以，父母对儿童的认知影响到父母对儿童的反应，进一步影响到父母与儿童形成的亲子关系。因此，父母对儿童的反应与父母对儿童的认知交织在一起，很难区分开来。另一方面，儿童对父母的反应不仅受父母行为的影响，还要受到儿童认知的影响。如果考虑亲子双方的认知，那么亲子关系将是非常复杂的。

如果认为亲子关系是双向、共建的，那么研究的重心应该是亲子双方的特点是如何影响亲子关系的、亲子关系是如何形成和保持的。

哈拉赫（Harach，2005）以 24 位父亲和 24 位母亲为被试者，通过访谈了解父母如何看待自己和孩子对亲子关系的影响、双方如何保持这种关系的，这些家庭的孩子（10 名男孩、14 名女孩）在 4—7 岁。结果显示，父母对亲子关系要素的描述基本一致：权威、陪伴和亲密。父母报告，他们是通过与孩子友好的互动来维持亲子关系的，而父母过度使用权力、不理睬孩子会暂时伤害亲子关系；孩子通过服从父母的要求、与父母一起活动来加强亲子关系；孩子不会直接不服从父母，不挑战父母制造紧张的亲子关系；亲子双方通过道歉、交流等方式修复关系。

阿兰科（Alanko，2009）的研究显示，与儿童性别相符的典型行为与积极的亲子关系相关，与儿童性别不相符的行为与消极的亲子关系相关。Alanko（2011）以 3558 名成年人为被试者，回忆其童年的行为，研究与性别不相符的行为与亲子关系的因果模型，结果显示，儿童与性别不符合的行为与亲子关系（母子、父子）质量互为因果，两者相互影响、难分高下。

（一）儿童对亲子关系的影响

1. 行为特征

儿童特征对父母及亲子关系影响的最好例证是对多动症儿童的研究，这些儿童表现出明显的冲动和攻击行为，以及偷窃、损坏物品、不服从、说谎等。

儿童的这些行为与父母不恰当的教养是否有关？父母在教养中遇到的挑战、亲子关系是否受到儿童行为及其特征的影响？

研究发现，父母与多动症儿童之间的关系很有可能是双向的，亲子之间的互动能很好地说明这个问题。研究显示，多动症男孩比同伴表现出更多的不服从以及对父母的控制，反过来多动症男孩的父母比常态男孩的父母表现出更多的控制行为和对孩子的批评。这说明，非常态儿童对父母的消极影响是存在的。父母对养育这种孩子持消极的态度，感到力不从心、焦虑、抑郁和敌对。研究还发现，母亲的行为受儿童特点的影响。巴克利（Barkley，1989）的研究发现，苛刻、惩罚的教养行为会随多动症儿童接受药物治疗而减少。

对多动症儿童的研究结果说明，儿童对父母影响是存在的。儿童与父母一起共同建构着亲子关系。

2. 性别

影响亲子关系的个体特征之一是性别。精神分析理论特别强调父母与不同性别儿童建立的亲子关系的差异。对 116 个研究（Russell，1997）的分析结果显示，有 36 个研究认为父母与儿子、女儿的关系存在差异，这说明与不同性别儿童关系的差异是相对显著的。对母亲言语的元分析研究结果显示，母亲与女儿的交谈多于儿子，对女儿的支持也多于儿子。这说明相对于儿子而言，母亲重视与女儿的言语互动和关系，所以母亲与不同性别儿童建立的亲子关系性质也是有差异的。刘莉和王美萍（2014）的研究认为，女生与母亲的消极交往显著低于男生。

这种父母与儿子、女儿所建立的不同性质的亲子关系，不能简单归结为父母对儿子、女儿不同特征（行为和人格）的反应差异，这种亲子关系的差异还与父母对儿子、女儿不同的期望和社会化目标有关。

3. 儿童的年龄

年龄对亲子关系的影响，可以从三个方面来分析。其一，从亲子关系的性质来看，哪个阶段是亲子关系最好的？哪个阶段是最糟糕的？罗凌云等人（2011）的研究发现，在初中阶段父亲与子女的关系随着子女年龄的增长有一个不断变好的趋势，母亲与子女的关系则保持在一个比较平稳的良好水平，没有明显的变化趋势。其二，从亲子双方在关系中的地位来看，存在哪一方更权威、更具有主导性的问题。通常认为随着儿童年龄的增长，亲子关系从典型的垂直的关系向平行关系变化。其三，构成亲子关系的具体维度随年龄表现出的变化趋势如何？有研究认为（Montemayor，1983；Steinberg，1981），青少年期的亲子冲突发展趋势呈倒 U 形：青少年早期亲子冲突开始上升，直至青少年中期，其后（青少年晚期）则开始下降。也存在与此不同的结论，认为较高的亲子冲突在青少年晚期时也仍然存在（Offer、Ostrov & Howard，1981）。刘莉和王美萍（2014）的研究认为，亲子间的亲睦与支持、融合与尊重随年级增长而下降，但消极交往随年级增长而上升。

4. 认知

塞尔曼（Selman，1980）提出了儿童理解人际关系（包括亲子关系）的一个发展框架，认为从童年早期到中期，儿童经历了亲子关系的三个阶段。在第一阶段，儿童认同父母的观点、意见，接受父母提供的知识，儿童认为父母什么都知道、是正确的。第二个阶段，儿童把父母的观点作为一种指导而不是绝对的权威，双向的情感决定着亲子之间的爱，亲子双方对对方的意见都持肯定的态度，儿童意识到亲子之间的情感性质。第三阶段，儿童能从旁观者的角度更好地理解父母角色的复杂性，认识到父母对自己心理能力和成熟的重要性，希望父母关注自己的心理，有助于自尊的发展。与此同时，儿童能意识到父母的心理需要，希望对父母表示尊重。所以在该阶段，儿童能尊重父母的需要，并视之为权威，能意识到父母与儿童在亲子关系中需要和期待的差异。此时，儿童有公平意识，对于自己是否被公平对待非常敏感。

塞尔曼提出的发展阶段对亲子关系研究有一定的启发。他舍弃了儿童接受父母权威这一视角，开辟了研究亲子之间交谈、争论的新领域，交谈、争论需要相互理解对方的观点，需要观点采择能力的参与。斯梅塔纳（Smetana，1989）以11岁、12岁儿童为被试者的研究显示，儿童与父母在下述问题上经常发生冲突：家庭作业、与他人相处（如同胞）、所从事的活动及时间管理（打电话、看电视）。尽管儿童对公平概念的理解有限，但公平的意识导致儿童与父母的争论、协商，例如儿童会质疑父母是否公平地对待每个孩子。

在童年中后期，互惠是亲子关系的重要特征，父母对儿童的尊重是影响亲子关系的一个重要因素。

柯林斯（Collins，1995）对童年中期亲子关系的变化予以了解释，认为儿童认知能力的发展有助于问题的解决和资源分配，从而影响到父母与孩子建立的亲子关系和教养行为。与童年早期相比，童年中期的变化是，亲子关系中对儿童的约束、训诫减少。同时，儿童社会交往增多，社会生活范围的扩大，同伴关系的重要性增加，儿童与父母的关系也发生着变化。昂贝尔（Ambert，1997）认为，儿童看电视时间的增多，也影响到亲子关系。

所以，从童年早期到中期，亲子关系在发生着变化，表现为更多的互惠、亲子双方更强的观点采择能力、对儿童约束的减少以及协商、劝说的增加。

（二）父母对亲子关系的影响

1. 父亲、母亲与儿童的关系

大量的实证研究和理论研究都认为，母亲、父亲与孩子建立的亲子关系是不同的。在116个亲子关系的研究中（Russell，1997），有16个研究发现了父亲、母亲与孩子的亲子关系存在差异，这些差异主要表现在亲密性和情感方面，父亲与孩子的互动频率高于母亲，父亲与孩子的互动，特别是与男孩的互动多为游戏和娱乐，而母亲与孩子的互动主要为养育方面的内容。但是，张小锋（2010）对农村初中生的研究发现，儿童报告的母子关系、父子关系并不存在差异。方晓义等人（2003）以829名初中和高中生为被试者的研究结果显示，父子冲突和母子冲突在内容上有很大差别，母子冲突多于父子冲突，且母子冲突和父子冲突的侧重点也有所不同，与母亲发生冲突的青少年人数多于与父亲发生冲突的青少年人数。罗凌云等人（2011）对1855名中学生的调查发现，母亲与孩子的关系要好于父亲与孩子的关系。刘莉和王美萍（2014）的研究认为，母子和谐程度显著高于父子和谐程度。

亲子关系是一个复杂的人际关系，因为父母与孩子的互动存在四种可能情况：父亲与儿子、父亲与女儿、母亲与儿子、母亲与女儿。尽管有研究认为这四种不同亲子关系存在差异，但这方面的实证研究还是非常有限的。另外，父母报告的亲子关系与儿童报告的亲子关系是否一致？张小锋（2010）的研究显示，儿童报告的亲子关系要优于父母报告的亲子关系。

所以，父亲、母亲与儿童建立的亲子关系是否存在差异、差异表现的程度如何，仍需要大量实证研究结果的支持。

2. 父母人格特征

人格特征是影响亲子关系的因素，对父母人格特征的研究证明了该观点。拉塞尔（Russell，1997）以小学生为被试者，研究了父母的人格及其在亲子关系中表现出的情感特征之间的关系。通过问卷获得人格特征数据，该问卷包括 50 个积极人格特质，如耐心、自信、喜欢孩子等，通过家庭观察考察父母在亲子关系中表现出的情感。结果发现，积极的人格特质与观察到的关心、积极情感成正相关，这种显著相关只在母亲与儿子之间存在。而其他三种情况——父亲与儿子、父亲与女儿、母亲与女儿，都是负相关但不显著。这一研究结果说明，在亲子关系中，只有母亲的积极人格特质在与儿子的关系中表现出来。这个结论得到了其他研究的支持，贝尔斯基（Belsky，1995）发现，在出生的头两年，母亲的人格特征能预测其教养行为，而父亲的人格特征则不能。

拉塞尔（1997）和贝尔斯基（1995）的研究，需要从多个方面来考虑和解释。母亲的人格特征可能是影响亲子关系的一个因素，但对于父亲可能就不一样，也就是说，在父亲与孩子的关系中有比父亲人格特征更重要的因素影响到亲子关系。例如，拉塞尔（1997）的研究发现，在儿童表现出积极特征时，父亲表现出更多的关爱，这说明影响父亲与孩子关系的因素之一是儿童所表现出的积极特征，如关心、参与等。同时也意味着父亲对孩子消极特征的反应是强烈的。

科汉斯卡（Kochanska，1997）的研究与上述结果一致，他们以婴幼儿及其母亲为被试者，发现母亲的消极情绪对儿童产生消极的影响，消极的人格特征与垂直的亲子关系有关，这种母亲对儿童的反应和关心都比较少。这说明母亲的人格特征与亲子关系有关。

目前的研究结果显示，在人格特征方面，母亲的人格特征影响到亲子关系，父亲的人格特征对亲子关系的影响不大。

四　亲子关系的功能

（一）亲子关系对外显行为的影响

外显行为（Exteralizing Behavior）是指容易被他人觉知到的行为，如助人、攻击等。元分析结果显示，父母教养对儿童外显行为问题的解释率不足 6%（Rothbaum，1994）。方晓义等（1998）的研究发现，亲子冲突与青少年的问题行为，如犯罪、吸毒、性行为之间存在显著相关。鲁宾（Rubin，2004）以 162 名五年级学生为被试者的研究认为，父母的支持能预测低水平的外显问题，父亲的支持可以预测低水平的同伴拒绝和被欺负。王争艳（2004）的研究结果显示，家庭亲子沟通影响青少年的行为问题、同伴关系；父子沟通与母子沟通对学生的同伴关系、行为问题的影响无显著差异；父子沟通时间和母子沟通态度对青少年的同伴关系有显著影响；亲子沟通时间对青少年行为问题的发生有影响；工读校的青少年，其母亲的沟通态度和选择的沟通场合对同伴关系有显著影响，其父亲对沟通场合的选择和母亲的沟通内容对行为问题的发生有显著影响。

张秋凌等（2005）在综述前人研究后认为，依恋质量和依恋类型两个视角都说明，良好的依恋关系与青少年犯罪行为呈显著负相关；而不良的亲子依恋关系，与青少年的犯罪行为呈显著正相关。但母子依恋、父子依恋对青少年犯罪行为是否有不同的预测作用，还没有一致的结论。

香萨旺（Sengsavang，2015）的研究发现，积极的亲子关系可以预测儿童高水平的道德自我。亲子关系同时还是一个调节变量，消极的亲子关系会增加攻击行为与道德自我之间的负相关，反之，积极的亲子关系会减弱二者之间的负相关。

默里（Murray）等人（2014）以1081名八年级学生为被试者的研究认为，当青少年感知到低质量的母子关系时，父亲的心理控制能预测青少年的攻击行为；当青少年感知到低质量的父子关系时，母亲的心理控制能预测青少年的攻击行为；那些与父亲关系好的男孩，母亲的心理控制与青少年攻击行为相关低。

尤（You，2016）等人以韩国中学生为被试者的研究发现，亲子依恋通过自我控制间接影响男孩的攻击行为，亲子依恋可以直接影响女孩的攻击行为，也通过共情和自我控制间接影响女孩的攻击行为。

邓林园（2013）以1038名初中生为被试者的研究发现，父子依恋、母子依恋能负向预测青少年的网络成瘾。张锦涛等人（2011）对3766名中学生的研究发现，父子关系不仅可以直接显著负向预测青少年的网络成瘾程度，而且还可以通过影响青少年的孤独感进而间接地负向预测青少年的网络成瘾；而母子关系只通过影响青少年的孤独感间接地负向预测青少年的网络成瘾。总之，孤独感在中学生父子关系影响自身网络成瘾的关系中起部分中介作用；而在母子关系影响自身网络成瘾的关系中起完全中介作用。

（二）亲子关系对内隐行为的影响

内隐行为（Implicit Behavior）是指不容易被他人觉知到的行为，如焦虑、抑郁、退缩等。元分析结果显示，父母教养对儿童焦虑的解释不足4%，父母教养可以解释8%的抑郁，父母的拒绝与儿童抑郁的相关度高于父母控制与儿童抑郁的相关度，父母的敌意与儿童抑郁的相关度最高（McLeod，2007）。

不安全依恋与青少年的内隐问题关联显著，各研究的效应量在中等程度以上；安全依恋与青少年低水平焦虑相关；安全依恋与儿童抑郁相关（Brumariu，2010）。

方晓义（2003）以829名初中和高中生为被试者的研究结果显示，亲子冲突与青少年的抑郁和问题行为具有较为一致的关系，即与双亲发生冲突的青少年所表现的问题行为和抑郁最多，其次是与单亲发生冲突的青少年，问题行为和抑郁表现最少的是与双亲均无冲突的青少年；但亲子冲突与青少年社交焦虑之间的关系并没有一致的趋势。

尼利文斯（Nelemans，2016）以497名荷兰青少年（平均年龄13岁）为被试者，持续一年的追踪研究显示，母亲与青少年都报告亲子关系质量低时，青少年的抑郁水平高；青少年报告亲子关系质量低、父亲报告亲子关系质量高时，青少年的抑郁水平高。

安托诺利—托兰（Antognoli-Toland，2001）对5201名青少年的调查发现，有1750（33.65%）名被试者报告有孤独感；女生比男生的孤独感强烈，年龄大的被试者比年龄小的被试者孤独感强烈；与来自完整家庭被试者相比，单亲、重组家庭被试者的孤独感强烈；父母支持少、与父母相处时间短、与父母在一起共同活动少的被试者孤独感更强烈。亲子关系和家庭结构能显著预测青少年孤独感。

(三) 亲子关系对学业的影响

亲子冲突与学习成绩显著相关（方晓义等，1998）。家庭亲子沟通影响青少年的学业成就；父子沟通与母子沟通对学生的学业成就的影响无显著差异；工读校的青少年父亲沟通的内容与主动性对青少年的学业成就有影响（王争艳，2004）。池丽萍与俞国良

（2012）的研究认为，成绩优秀儿童及其父亲的某些沟通能力强于成绩较差儿童和他们的父亲；成绩较差儿童的父子和母子沟通质量都较差，而成绩优秀儿童家庭中两种沟通质量都较高；在沟通系统层面，成绩优秀儿童的父子沟通和母子沟通所起作用大体相当，且两种沟通较一致，而较差儿童的父子沟通作用显著小于母子沟通，且两种沟通不一致。张凌（2016）的调查结果显示，亲子关系中的交流状况和关系评价对学业成就存在正向影响，亲子关系中的陪伴频率、交往频率对学业成就产生负面影响。

五　以往研究存在的问题与研究问题的提出

前人的研究多关注母亲与孩子的关系，忽视父亲与孩子之间的关系。同时关注母亲、父亲与孩子关系的研究，尚存在将父子关系与母子关系混淆的问题，没有分别进行研究，而研究显示，父亲与母亲在亲子互动中发挥着不同的作用。另外，对一些问题的认识存在分歧，如亲子之间冲突对儿童发展有何意义？霍姆贝克和希尔（Holmbeck & Hill，1988）认为，冲突通过个体心理内部活动过程及个体间的互动过程促进了个体对发展变化的适应。但是，有实证研究结果显示，亲子之间冲突频率与青少年行为不良及行为障碍存在一定联系（Patterson & Bank，1989），亲子之间冲突对青少年的发展产生消极影响。在研究中重视亲子冲突，对亲子间的亲和重视不够。刘莉和王美萍（2014）的研究认为，父子和谐能显著负向预测青少年的内隐问题行为，母子和谐仅能显著负向预测青少年的外显问题行为。对亲子关系及其功能的研究多数为横断研究设计，对亲子关系发展趋势的描述是虚拟的，而非真实的。

综上所述，本书研究以初中生为被试者，追踪四年，考察初中生亲子关系（母子亲和、母子冲突、父子亲和、父子冲突）的发展趋势及其对青少年的影响。

第二节 研究结果与讨论

一 亲子关系发展趋势

亲子关系的平均数和标准差见表2—1。

表2—1   亲子关系的描述统计

		母子冲突		母子亲和		父子冲突		父子亲和	
		M（SD）	N	M（SD）	N	M（SD）	N	M（SD）	N
城市	初一	2.21（0.81）	259	4.05（0.87）	259	2.01（0.80）	255	3.85（0.96）	256
	初二	2.38（0.88）	216	3.90（0.89）	216	2.16（0.91）	214	3.63（1.02）	215
	初三	2.46（0.85）	257	3.87（0.88）	257	2.21（0.82）	252	3.61（0.98）	252
	初四	2.39（0.84）	214	4.05（0.77）	214	2.15（0.86）	211	3.75（0.93）	211
农村	初一	1.99（0.69）	391	4.25（0.71）	391	1.79（0.66）	390	4.16（0.76）	390
	初二	2.11（0.72）	382	4.11（0.77）	381	1.88（0.71）	381	4.02（0.78）	381
	初三	2.11（0.69）	371	4.15（0.75）	371	1.93（0.69）	370	4.04（0.77）	370
	初四	2.19（0.85）	311	4.10（0.83）	310	1.98（0.69）	310	3.97（0.74）	310

（一）结果

1. 亲子冲突

（1）母子冲突

在城市学校中，初中生母子冲突在初一时平均得分为2.21，随着年级的增长，母子冲突得分增长速率为0.0802，初一时母子冲突（t＝41.487）及母子冲突的增长速率（t＝4.228）在初中生个体间的变异较明显。性别对初中生母子冲突的增长没有显著影响。

在农村学校中，初中生母子冲突在初一时平均得分为1.99，随着年级的增长，母子冲突得分增长速率为0.0716，初一时母子冲突（t＝56.425）及母子冲突的增长速率（t＝4.455）在初中生个体间的变异较明显。性别对初中生母子冲突的增长没有显著影响。

（2）父子冲突

在城市学校中，初中生父子冲突在初一时平均得分为 2.01，随着年级的增长，父子冲突得分增长速率为 0.0628，初一时父子冲突（t = 39.206）及父子冲突的增长速率（t = 2.678）在初中生个体间的变异较明显。性别对初中生父子冲突的增长没有显著的影响。

在农村学校中，初中生父子冲突在初一时平均得分 1.79，随着年级的增长，父子冲突得分增长速率为 0.06731，初一时父子冲突（t = 54.419）及父子冲突的增长速率（t = 4.553）在初中生个体间的变异较明显。性别对初中生父子冲突的增长无显著影响。

2. 亲子亲和

（1）母子亲和

在城市学校中，初中生母子亲和在初一时的平均得分为 4.05，随着年级的增长，母子亲和的下降速率为 0.0328。初一时母子亲和（t = 74.327）在初中生间差异明显，但母子亲和的下降速率（t = −1.679）在初中生个体间的变异不明显。性别对初中生母子亲和的下降无显著影响。

在农村学校中，初中生母子亲和在初一时的平均得分为 4.25，随着年级的增长，母子亲和的下降速率为 0.0657。初一时母子亲和（t = 118.692）及母子亲和的下降速率（t = −3.928）在初中生个体间的变异不明显。性别对初中生母子亲和的下降无显著的影响。

（2）父子亲和

在城市学校中，初中生父子亲和在初一时的平均得分为 3.845，随着年级的增长，父子亲和得分下降速率为 0.077，初一时父子亲和（t = 61.104）及父子亲和的下降速率（t = −3.189）在初中生个体间的变异较明显。性别对初中生父子亲和的下降没有显著的影响。

在农村学校中，初中生父子亲和在初一时的平均得分为 4.16，随着年级的增长，父子亲和得分下降速率为 0.0742，初一时父子亲和（t＝110.590）及父子亲和的下降速率（t＝－4.902）在初中生个体间的变异较明显。性别对初中生父子亲和的下降没有显著的影响。

（二）讨论

初中生处于青春期，随着生理的发育，他们有了初步的成人感，希望父母和老师像对待成人一样对待他们，不再把他们视为孩子。初中生的独立意识增强，有自己的想法和判断，不再唯父母是从。初中生的这些需求，使他们在行为上有了一些变化，他们不愿父母替自己做决定，不希望父母干涉自己的社交……

而父母对这些需求和变化不太敏感，父母常常是以不变应万变。于是，出现了亲子之间的矛盾，父母抱怨孩子不如以前听话，孩子抱怨父母控制太严。亲子之间的关系由原来的父母处于单向权威，向父母"让权"予孩子的双向权威过度。显然，很多父母没有做好主动"让权"的准备，父母是在孩子的斗争下被迫"让权"的。所以，在初中阶段，亲子矛盾（母子冲突、父子冲突）呈上升趋势，亲子亲和（母子亲和、父子亲和）呈下降趋势。也就是说，在初中阶段，亲子之间的关系随着初中生年龄的增长，亲子间的矛盾也会随之增加、亲和性降低。

王峻（2007）对农村初中生的研究发现，亲子冲突发生的频率有显著的年级差异，随着年级的增长，农村初中生亲子冲突发生得越来越频繁。在某种程度上，本书研究结果与王峻的结果一致。本书研究考察的是随年龄增长表现出的变化趋势，对母子冲突和父子冲突的检验显示，矛盾上升速率显著。

二　亲子关系的社会适应功能

（一）亲子关系对友谊关系的预测

1. 结果

朋友的平均数和标准差见表2—2。以亲子冲突（母子冲突、父子冲突）和亲子亲和（母子亲和、父子亲和）分别为自变量，以友谊关系（朋友亲和、朋友冲突）为因变量进行回归分析。

表2—2　　　　　　　　　　朋友关系的描述统计

		朋友冲突		朋友亲和	
		M（SD）	N	M（SD）	N
城市学校	初一	1.81（0.70）	259	4.21（0.72）	259
	初二	1.94（0.80）	216	4.20（0.73）	216
	初三	2.01（0.66）	257	4.13（0.68）	257
	初四	1.99（0.74）	214	4.22（0.63）	214
农村学校	初一	1.93（0.68）	392	4.20（0.64）	392
	初二	2.02（0.66）	381	4.22（0.57）	381
	初三	2.04（0.60）	369	4.20（0.56）	369
	初四	1.96（0.63）	310	4.22（0.57）	310

（1）初一亲子冲突、亲子亲和对四个年级友谊关系的预测

在城市学校，初一母子冲突能显著预测的友谊变量有：正向预测初一朋友冲突（$\beta = 0.381$，$t = 5.403$，$p = 0.000$）、正向预测初三朋友冲突（$\beta = 0.215$，$t = 2.761$，$p = 0.006$）、负向预测初四朋友亲和（$\beta = -0.212$，$t = -2.610$，$p = 0.010$）、正向预测初四朋友冲突（$\beta = 0.334$，$t = 4.124$，$p = 0.000$）。初一父子冲突显著负向预测初一朋友亲和（$\beta = -0.199$，$t = -2.766$，$p = 0.006$）。初一母子亲和显著正向预测初一朋友亲和（$\beta = 0.306$，$t = 3.672$，$p = 0.000$）；负向预测初一朋友冲突（$\beta = -0.203$，$t = 2.424$，$p = 0.016$）。初一父子亲和显著正向预测初三朋友亲和（$\beta = 0.246$，$t = 2.540$，$p = 0.012$）。

在农村学校，初一母子冲突能显著预测的变量有：正向预测初一朋友冲突（$\beta = 0.251$，$t = 3.979$，$p = 0.000$）、正向预测初二朋友冲突（$\beta = 0.155$，$t = 2.265$，$p = 0.024$）、正向预测初三朋友冲突

（β = 0. 187，t = 2. 627，p = 0. 009）、正向预测初四朋友冲突（β = 0. 171，t = 2. 129，p = 0. 034）。初一父子冲突对任何年级友谊变量的预测都不显著。初一母子亲和显著正向预测初一朋友亲和（β = 0. 142，t = 2. 069，p = 0. 039）、负向预测初一朋友冲突（β = 0. 203，t = 2. 424，p = 0. 016）。初一父子亲和显著正向预测初一朋友亲和（β = 0. 211，t = 2. 975，p = 0. 003）。

（2）初二亲子冲突、亲子亲和对三个年级友谊关系的预测

在城市学校，初二母子冲突显著正向预测初二朋友冲突（β = 0. 341，t = 4. 158，p = 0. 000）、初四朋友冲突（β = 0. 214，t = 2. 215，p = 0. 028）。初二父子冲突对任何年级友谊变量的预测都不显著。初二母子亲和显著正向预测初二朋友亲和（β = 0. 177，t = 2. 091，p = 0. 038）、初四朋友亲和（β = 0. 310，t = 3. 117，p = 0. 002）。初二父子亲和显著正向预测初二朋友亲和（β = 0. 206，t = 2. 451，p = 0. 015）。

在农村学校，初二母子冲突显著正向预测初二朋友冲突（β = 0. 228，t = 3. 428，p = 0. 001）、初三朋友冲突（β = 0. 184，t = 2. 642，p = 0. 009）、初四朋友冲突（β = 0. 171，t = 2. 145，p = 0. 033）。初二父子冲突显著正向预测初三朋友冲突（β = 0. 158，t = 2. 176，p = 0. 030）。初二母子亲和显著正向预测初二朋友亲和（β = 0. 208，t = 3. 019，p = 0. 003）。初二父子亲和对任何年级友谊变量的预测都不显著。

（3）初三亲子冲突、亲子亲和对两个年级友谊关系的预测

在城市学校，初三母子冲突显著正向预测初三朋友冲突（β = 0. 209，t = 2. 639，p = 0. 009）、初四朋友冲突（β = 0. 305，t = 3. 520，p = 0. 001）。初三父子冲突显著正向预测初三朋友冲突（β = 0. 198，t = 2. 694，p = 0. 008）。初三母子亲和显著正向预测初三朋友亲和（β = 0. 406，t = 5. 037，p = 0. 000）、初四朋友亲和

（β = 0.226，t = 2.444，p = 0.015）。

在农村学校，初三母子冲突显著正向预测初三朋友冲突（β = 0.320，t = 5.010，p = 0.000）。初三父子冲突显著正向预测初三朋友冲突（β = 0.234，t = 3.569，p = 0.000）。初三母子亲和显著正向预测初三朋友亲和（β = 0.195，t = 2.401，p = 0.017）。初三父子亲和显著正向预测初三朋友亲和（β = 0.236，t = 2.766，p = 0.006）、显著预测初三朋友冲突（β = 0.192，t = 2.319，p = 0.021）。

（4）初四亲子冲突、亲子亲和对初四友谊关系的预测

在城市学校，初四母子冲突对初四朋友冲突预测显著（β = 0.368，t = 4.526，p = 0.000）。初四母子亲和对初四朋友亲和预测显著（β = 0.361，t = 4.315，p = 0.000）。初四父子亲和对初四朋友亲和预测显著（β = 0.210，t = 2.605，p = 0.010）。

在农村学校，初四母子冲突对初四朋友冲突预测显著（β = 0.170，t = 2.613，p = 0.009）。初四父子冲突对初四朋友冲突预测显著（β = 0.437，t = 6.513，p = 0.000）。初四母子亲和对初四朋友亲和预测显著（β = 0.153，t = 2.381，p = 0.018）。初四父子亲和对初四朋友亲和预测显著（β = 0.382，t = 5.561，p = 0.000）。

2. 讨论

结果显示，亲子冲突（母子冲突、父子冲突）能同时（同一时间点数据）和继时（前一时间点数据对后续时间点数据）正向预测朋友间的矛盾，负向预测朋友间的亲和。亲子亲和（母子亲和、父子亲和）能同时和继时正向预测朋友间的亲和，负向预测朋友间的冲突。

依恋关系是最早的亲子关系，早期的依恋关系使个体建立起了内部工作模式，即儿童在与父母交互作用过程中发展起来的一种对他人和自我的心理表征。这种表征具有稳定性，对后期的发展产生着影响，制约着个体的社会心理发展和情绪发展，影响个体在家庭

中、社会中的人际互动模式，可以说，个体应对外部世界的方式来源于依恋功能所持有的这种内部工作模式。

内部工作模式通过个体对世界的解释而起作用，这种解释影响到个体对自我和他人的看法，童年期的依恋会影响到后期的人际关系。安全型依恋的个体倾向于认为外在世界是能够提供帮助的、可信任的，对自己和他人持积极的态度，在社交情境中更外向和自信。而不安全型依恋的个体对环境持消极的态度，更容易产生不确定感、危险感。所以，亲子冲突和亲子亲和能分别显著正向预测后期的朋友间的矛盾和朋友间的亲和；分别负向预测朋友间的亲和与朋友间的冲突。

结果显示，母子之间的关系（母子冲突、母子亲和）对朋友关系（朋友亲和、朋友冲突）预测显著的方程数量，多于父子之间的关系（父子冲突、父子亲和）对朋友关系（朋友亲和、朋友冲突）预测显著的方程数量，这说明母子关系对青少年朋友关系的影响大于父亲。相较于父亲，母亲承担了更多的教养角色，母亲与孩子的互动多于父亲，因此，母子关系对青少年朋友关系的影响大于父子关系对青少年朋友关系的影响。

亲子矛盾（母子冲突、父子冲突）比亲子亲和（母子亲和、父子亲和）对朋友关系（朋友亲和、朋友冲突）预测显著的数量多，这说明亲子冲突比亲子亲和对青少年朋友关系的影响大。当亲子之间产生分歧、矛盾时，往往伴随着强烈的情绪体验，情绪体验深刻的事情记忆也深刻。相较于记忆不深刻的事件，记忆深刻的事件对个体的影响大。所以，对青少年朋友关系的影响力，亲子矛盾大于亲子亲和。正如库珀（Cooper，1988）所言，只要以亲密的亲子关系为前提，分歧和争吵或许会促进青少年的心理发展。

（二）亲子关系对情绪问题的预测

情绪问题的平均数据和标准差见表2—3。以亲子冲突（母子冲突、父子冲突）和亲子亲和（母子亲和、父子亲和）分别为自变量，以孤独、抑郁、焦虑退缩为因变量进行回归分析。

1. 结果

表2—3 初中生情绪问题的描述统计

		孤独		抑郁		焦虑退缩	
		M（SD）	N	M（SD）	N	M（SD）	N
城市学校	初一	1.79（0.65）	262	1.30（0.36）	262	1.77（0.68）	268
	初二	1.87（0.74）	215	1.33（0.35）	217	2.10（0.86）	264
	初三	1.86（0.70）	257	1.30（0.31）	256	1.80（0.52）	219
	初四	1.85（0.64）	214	1.30（0.31）	214	1.78（0.57）	229
农村学校	初一	1.75（0.54）	391	1.20（0.22）	391	1.79（0.58）	390
	初二	1.75（0.54）	385	1.18（0.22）	385	1.92（0.67）	382
	初三	1.73（0.52）	372	1.18（0.24）	372	1.91（0.59）	386
	初四	1.81（0.58）	311	1.16（0.22）	311	1.72（0.57）	318

（1）初一亲子冲突、亲子亲和对四个年级情绪问题的预测

在城市学校，初一母子冲突能显著预测的变量有：初一孤独（$\beta = 0.216$，$t = 3.328$，$p = 0.001$）、初二孤独（$\beta = 0.310$，$t = 4.094$，$p = 0.000$）、初三孤独（$\beta = 0.200$，$t = 2.858$，$p = 0.005$）、初四孤独（$\beta = 0.221$，$t = 2.830$，$p = 0.005$）；初一抑郁（$\beta = 0.260$，$t = 4.032$，$p = 0.000$）、初二抑郁（$\beta = 0.225$，$t = 2.882$，$p = 0.004$）、初三抑郁（$\beta = 0.299$，$t = 4.282$，$p = 0.000$）、初四抑郁（$\beta = 0.313$，$t = 4.072$，$p = 0.000$）；初二焦虑退缩（$\beta = 0.213$，$t = 2.225$，$p = 0.028$）。

初一父子冲突能显著预测的变量有：初一孤独（$\beta = 0.176$，$t = 2.715$，$p = 0.007$）、初三孤独（$\beta = 0.175$，$t = 2.499$，$p = $

0.013）；初一抑郁（β = 0.137，t = 2.122，p = 0.035）、初二抑郁（β = 0.173，t = 2.210，p = 0.028）。

初一母子亲和能显著预测的变量有：初三孤独（β = −0.185，t = 2.122，p = 0.035）；初一抑郁（β = −0.264，t = −3.317，p = 0.001）、初三抑郁（β = −0.188，t = 2.208，p = 0.028）；初二焦虑退缩（β = −0.231，t = 2.1443，p = 0.034）。

初一父子亲和能显著预测的变量有：初一孤独（β = −0.315，t = −3.632，p = 0.000）、初二孤独（β = −0.231，t = −2.350，p = 0.020）、初三孤独（β = −0.275，t = −2.920，p = 0.004）、初四孤独（β = −0.321，t = −3.070，p = 0.002）；初二抑郁（β = −0.278，t = −2.759，p = 0.006）、初三抑郁（β = −0.359，t = −3.881，p = 0.000）、初四抑郁（β = −0.368，t = −3.581，p = 0.000）。

在农村学校，初一母子冲突能显著预测的变量有：初一孤独（β = 0.216，t = 3.865，p = 0.000）、初二孤独（β = 0.262，t = 4.549，p = 0.000）、初三孤独（β = 0.181，t = 3.000，p = 0.003）、初四孤独（β = 0.158，t = 2.361，p = 0.019）；初一抑郁（β = 0.308，t = 5.600，p = 0.000）、初二抑郁（β = 0.176，t = 3.032，p = 0.003）、初三抑郁（β = 0.159，t = 2.600，p = 0.010）、初四抑郁（β = 0.182，t = 2.742，p = 0.006）。

初一父子冲突对初一孤独（β = 0.142，t = 2.533，p = 0.012）、初二焦虑退缩（β = 0.139，t = 2.010，p = 0.045）预测显著。

初一母子亲和对初一孤独预测显著（β = −0.146，t = −2.034，p = 0.043）。

初一父子亲和能显著预测的变量有：初一孤独（β = −0.192，t = −2.621，p = 0.009）、初三孤独（β = −0.223，t = −2.666，p = 0.008）、初四孤独（β = −0.186，t = −2.059，p = 0.040）；初一抑

郁（β ＝ － 0. 253，t ＝ － 3. 745，p ＝ 0. 000）、初二抑郁（β ＝ －
0. 170，t ＝ － 2. 208，p ＝ 0. 028）。

（2）初二亲子冲突、亲子亲和对三个年级情绪问题的预测

在城市学校，初二母子冲突能显著预测的变量有：初二孤独
（β ＝ 0. 231，t ＝ 3. 189，p ＝ 0. 002）；初二抑郁（β ＝ 0. 221，t ＝
3. 149，p ＝ 0. 002）、初三抑郁（β ＝ 0. 271，t ＝ 3. 616，p ＝ 0. 000）。

初二父子冲突能显著预测的变量有：初二孤独（β ＝ 0. 214，
t ＝ 2. 953，p ＝ 0. 004）、初三孤独（β ＝ 0. 180，t ＝ 2. 327，p ＝
0. 021）；初二抑郁（β ＝ 0. 290，t ＝ 4. 132，p ＝ 0. 000）、初三抑郁
（β ＝ 0. 154，p ＝ 2. 061，p ＝ 0. 041）、初四抑郁（β ＝ 0. 251，t ＝
3. 046，p ＝ 0. 003）。

初二母子亲和对三个年级孤独、抑郁的预测都不显著。

初二父子亲和能显著预测的变量有：初二孤独（β ＝ － 0. 227，
t ＝ － 2. 785，p ＝ 0. 006）、初三孤独（β ＝ － 0. 312，t ＝ － 3. 606，p ＝
0. 000）、初四孤独（β ＝ － 0. 213，t ＝ － 2. 126，p ＝ 0. 035）；初二抑
郁（β ＝ － 0. 214，t ＝ － 2. 686，p ＝ 0. 008）、初三抑郁（β ＝ －
0. 184，t ＝ － 2. 176，p ＝ 0. 031）、初四抑郁（β ＝ － 0. 265，t ＝ －
2. 748，p ＝ 0. 007）。

在农村学校，初二母子冲突能显著预测的变量有：初二孤独
（β ＝ 0. 121，t ＝ 1. 992，p ＝ 0. 047）；初二抑郁（β ＝ 0. 227，t ＝
3. 791，p ＝ 0. 000）、初四抑郁（β ＝ 0. 221，t ＝ 3. 230，p ＝ 0. 001）；
初三焦虑退缩（β ＝ － 0. 129，t ＝ － 2. 033，p ＝ 0. 043）。

初二父子冲突能显著预测的变量有：初二孤独（β ＝ 0. 168，
t ＝ 2. 755，p ＝ 0. 006）、初三孤独（β ＝ 0. 237，t ＝ 3. 754，p ＝
0. 000）；初二抑郁（β ＝ 0. 128，t ＝ 2. 146，p ＝ 0. 033）。

初二母子亲和对初二抑郁（β ＝ － 0. 179，t ＝ － 2. 723，p ＝
0. 007）、初三抑郁（β ＝ － 0. 207，t ＝ － 2. 940，p ＝ 0. 003）预测

显著。

初二父子亲和能显著预测的变量有：初四孤独（β = − 0. 240，t = − 2. 833，p = 0. 005）；初二抑郁（β = − 0. 160，t = − 2. 271，p = 0. 024）、初四抑郁（β = − 0. 207，t = − 2. 478，p = 0. 014）。

（3）初三亲子冲突、亲子亲和对两个年级情绪问题的预测

在城市学校，初三母子冲突对初三抑郁预测显著（β = 0. 185，t = 2. 724，p = 0. 007）、对初四抑郁预测显著（β = 0. 160，t = 2. 211，p = 0. 028）。

初三父子冲突能显著预测的变量有：初三孤独（β = 0. 251，t = 3. 604，p = 0. 000）、初四孤独（β = 0. 250，t = 3. 314，p = 0. 001）；初三抑郁（β = 0. 245，t = 3. 606，p = 0. 000）、初四抑郁（β = 0. 299，t = 4. 117，p = 0. 000）。

初三母子亲和显著预测初四孤独（β = − 0. 177，t = − 1. 986，p = 0. 048）。

初三父子亲和能显著预测的变量有：初三孤独（β = − 0. 187，t = − 2. 402，p = 0. 017）、初四孤独（β = − 0. 192，t = − 2. 268，p = 0. 024）；初四抑郁（β = − 0. 180，t = − 2. 192，p = 0. 030）。

在农村学校，初三母子冲突对初三焦虑退缩预测显著（β = − 0. 123，t = − 1. 975，p = 0. 049）。

初三父子冲突能显著预测的变量有：初三孤独（β = 0. 247，t = 4. 059，p = 0. 000）；初三抑郁（β = 0. 203，t = 3. 354，p = 0. 001）、初四抑郁（β = 0. 143，t = 2. 085，p = 0. 038）。

初三母子亲和能显著预测的变量有：初三孤独（β = − 0. 200，t = − 2. 452，p = 0. 015）；初三抑郁（β = − 0. 431，t = − 5. 759，p = 0. 000）、初四抑郁（β = − 0. 219，t = − 2. 242，p = 0. 026）。

（4）初四亲子冲突、亲子亲和对初四年级情绪问题的预测

在城市学校，初四母子冲突对初四孤独（β = 0. 199，t = 2. 666，

p = 0.008）、初四抑郁（β = 0.182，t = 2.501，p = 0.013）预测显著。

初四父子冲突对初四孤独（β = 0.294，t = 3.939，p = 0.000）、初四抑郁（β = 0.358，t = 4.928，p = 0.000）预测显著。

初四父子亲和对初四孤独（β = − 0.268，t = − 3.335，p = 0.001）、初四抑郁（β = − 0.300，t = − 3.750，p = 0.000）预测显著。

在农村学校，初四父子亲和能显著预测的变量有：初四孤独（β = − 0.318，t = − 4.315，p = 0.000）、初四抑郁（β = − 0.311，t = − 4.392，p = 0.000）、初四焦虑退缩（β = − 0.184，t = 2.415，p = 0.016）。

2. 讨论

结果显示，亲子冲突（母子冲突、父子冲突）能显著正向预测青少年的孤独、抑郁和焦虑退缩；亲子亲和（母子亲和、父子亲和）能显著负向预测青少年的孤独、抑郁和焦虑退缩。

亲子关系能预测青少年的孤独、抑郁和焦虑退缩，可以用依恋理论来解释。依恋理论提出了内部工作模式这一概念，是指儿童在与父母交互作用过程中发展起来的一种对他人和自我的稳定的心理表征。这种表征在童年早期就已经建立起来，且具有稳定性，并对后期的发展产生着影响，制约着个体的社会心理发展和情绪发展。同父母依恋关系是安全的个体，表现出孤独、抑郁水平低，攻击行为、敌意等适应问题少；与父母依恋关系不安全个体的表现则相反。如果孩子能从父母那里获得需要的关爱、支持，这种积极正向的亲子关系将降低个体的消极体验，孤独、抑郁、焦虑退缩将会随之降低。所以，消极的亲子冲突（母子冲突、父子冲突）能显著正向预测青少年的孤独、抑郁和焦虑退缩；积极的亲子亲和（母子亲和、父子亲和）能显著负向预测青少年的孤独、抑郁和焦虑退缩。

本书研究发现，父子关系（父子冲突、父子亲和）对青少年情绪问题预测显著的方程数量，多于母子关系（母子冲突、母子亲和）对青少年情绪问题预测显著的方程数量，这说明父子关系对青少年情绪问题的影响高于母子关系对青少年情绪问题的影响。这一研究结果与米希尔斯（Michiels，2010）的结果吻合。该研究以 600 名（女 299 名、男 301 名）四到六年级儿童为被试者，研究父子依恋、父亲积极情绪对儿童发展的影响。被试者报告与父亲和母亲的依恋，教师和父母报告儿童的问题行为（情绪问题、同伴问题、过度活跃、攻击行为）和亲社会行为，父母报告教养中的积极情感。结果显示，父亲的教养能预测所有被试者的情绪问题、同伴问题和亲社会行为；在所有回归分析模型中，父亲的因素增加了自变量对各因变量的解释率；在情绪问题上，父亲变量的解释率（3%）高于母亲（1%），特别是对女孩情绪问题的预测，父亲的作用更为明显。

父亲对青少年的情绪问题的影响力大于母亲的影响力，可以从父亲教养的特点来理解。研究显示，父亲更愿意与年龄大的孩子（童年晚期和青少年）在一起（郑淑杰，2012）。与母亲相比，父亲的情绪更为乐观和稳定，这些积极特质为青少年表达情绪、体验情绪提供了范本。

另外，亲子冲突（母子冲突、父子冲突）对青少年问题情绪预测显著的方程数量，多于亲子亲和（母子亲和、父子亲和）对青少年问题情绪预测显著的方程数量，这说明，对青少年情绪问题的影响力，亲子矛盾大于亲子亲和。亲子矛盾对青少年的影响力大于亲子亲和，在前述朋友关系部分已有所讨论。

（三）亲子关系对社会行为的预测

社会行为的平均数据和标准差见表 2—4。以亲子冲突（母子冲突、父子冲突）和亲子亲和（母子亲和、父子亲和）分别为自变量，以社会能力、亲社会行为、攻击行为、违纪/被排斥为因变量进行回归分析。

1. 结果

表2—4　　　　　　　　初中生社会行为的描述统计

		社会能力（教师评价）		亲社会行为		攻击行为		违纪/被排斥		社会能力（同伴评价）	
		M（SD）	N	M（SD）	N	M（SD）	N	M（SD）	N	M（SD）	N
城市	初一	2.95（0.85）	268	3.62（0.92）	268	0.05（0.04）	303	2.27（0.55）	268	0.06（0.63）	303
	初二	2.81（0.85）	164	3.33（0.94）	164	0.02（0.04）	200	2.4（0.64）	164	0.02（0.03）	200
	初三	3.34（0.87）	219	3.87（0.82）	219	0.02（0.03）	328	2.16（0.36）	219	0.02（0.03）	328
	初四	3.14（0.79）	229	3.68（0.71）	229	0.01（0.03）	334	2.34（0.45）	229	0.01（0.04）	334
农村	初一	2.64（0.8）	390	3.25（0.88）	390	0.03（0.05）	399	2.08（0.46）	390	0.03（0.04）	399
	初二	2.81（0.81）	382	3.35（0.77）	382	0.02（0.05）	404	2.25（0.52）	382	0.02（0.04）	404
	初三	2.90（0.71）	386	3.44（0.66）	386	0.02（0.05）	404	2.33（0.51）	386	0.03（0.05）	404
	初四	2.86（0.77）	318	3.44（0.79）	318	0.02（0.04）	411	2.21（0.44）	318	0.02（0.04）	411

（1）初一亲子冲突、亲子亲和对四个年级社会行为的预测

在城市学校，初一母子冲突能显著预测：初一社会能力（$\beta = -0.471$，$t = -7.312$，$p = 0.000$）、初一攻击行为（$\beta = -0.469$，$t = -7.283$，$p = 0.000$）、初三违纪/被排斥（$\beta =$

-0.195，t = -2.285，p = 0.024）。

初一父子冲突能显著预测：初一社会能力（β = 0.317，t = 4.815，p = 0.000）、初一亲社会行为（β = -0.157，t = -1.959，p = 0.051）、初一攻击行为（β = 0.331，t = 5.027，p = 0.000）、初四违纪/被排斥（β = 0.223，t = 2.501，p = 0.013）。

初一母子亲和能显著预测：初一社会能力（β = -0.584，t = -7.365，p = 0.000）、初一攻击行为（β = -0.587，t = -7.679，p = 0.000）、初二社会能力（教师评价）（β = -0.308，t = -2.870，p = 0.005）、初二亲社会行为（β = -0.225，t = -2.054，p = 0.042）。

初一父子亲和能显著预测：初一社会能力（β = 0.237，t = 2.944，p = 0.004）、初一攻击行为（β = 0.251，t = 3.116，p = 0.002）、初四违纪/被排斥（β = 0.258，t = 2.519，p = 0.013）。

在农村学校，初一母子冲突对初四社会能力预测显著（β = 0.144，t = 2.243，p = 0.025）。初一母子亲和对初四社会能力（教师评价）预测显著（β = 0.192，t = 2.109，p = 0.036）。

（2）初二亲子冲突、亲子亲和对三个年级社会行为的预测

在城市学校，初二父子亲和对初四违纪/被排斥预测显著（β = 0.234，t = 2.357，p = 0.020）。

在农村学校，母子冲突对初三攻击行为（β = -0.152，t = -2.222，p = 0.027）、初三亲社会行为（β = 0.128，t = 2.024，p = 0.044）预测显著。初二母子亲和对初二社会能力（同伴评价）预测显著（β = 0.146，t = 2.042，p = 0.042）。父子亲和对初三社会能力（同伴评价）预测显著（β = -0.149，t = -1.938，p = 0.053）。

（3）初三亲子冲突、亲子亲和对两个年级社会行为的预测

在城市学校，初三亲子关系对两个年级社会行为的预测都不显著。

在农村学校，初三母子冲突对初三社会能力（教师评价）（$\beta = 0.211$，$t = 3.048$，$p = 0.002$）、初三亲社会行为（$\beta = 0.178$，$t = 2.857$，$p = 0.005$）预测显著。初三母子亲和对初三社会能力（教师评价）（$\beta = 0.180$，$t = 2.091$，$p = 0.037$）、初三亲社会行为（$\beta = 0.178$，$t = 2.091$，$p = 0.037$）预测显著。

（4）初四亲子冲突、亲子亲和对初四社会行为的预测

在城市学校，初四父子亲和对初四社会能力（教师评价）预测显著（$\beta = 0.177$，$t = 1.864$，$p = 0.064$）。

在农村学校，初四父子冲突对初四攻击行为（$\beta = 0.175$，$t = 2.484$，$p = 0.014$）、初四违纪/被排斥（$\beta = 0.153$，$t = 1.965$，$p = 0.050$）预测显著。

2. 讨论

亲子关系的建立和维持受很多因素的影响，其中父母的教养行为是一个很重要的因素。积极的教养行为（关心、鼓励、关注、支持、信任、协商……）往往与积极的亲子关系相关联，消极的教养行为（忽视、冷漠、嘲讽、高压、专制……）与消极的亲子关系相关联。父母积极的教养行为成为孩子模仿的榜样，由积极教养行为所形成的积极亲子关系为孩子的发展提供了温暖的心理环境。所以，亲子关系（亲子冲突、亲子亲和）对领导能力、亲社会行为、攻击行为、违纪/被排斥有预测作用。

本书研究结果显示，在预测方向上，多数情况下亲子冲突对积极行为（社会能力、亲社会行为）的预测是正向的，即亲子冲突分数高，青少年的积极行为分数也高；少数情况下（城市学校中初一母子冲突对初一社会能力的预测、初一父子冲突对初二亲社会行为的预测）是负向的，即亲子冲突分数高，青少年的积极行为分数低。

亲子冲突意味着亲子之间还存在互动和交流，正如库珀

（1988）所言，只要以亲密的亲子关系为前提，分歧和争吵或许会促进青少年心理发展。所以，亲子冲突对积极行为（社会能力、亲社会行为）预测是正向的，也是可以理解的。

亲子冲突对消极社会行为的预测，有时是正向的（城市学校中初一父子冲突对初一攻击行为、初四违纪/被排斥的预测；农村学校中初四父子冲突对攻击行为、违纪/被排斥的预测），有时是负向的（城市学校中初一母子冲突对初一攻击行为、初三违纪/被排斥的预测；农村学校中初二母子冲突对初三攻击行为的预测），这一结果目前还无法解释，需要后续进一步探究。

研究发现，初一、初二时的亲子关系（亲子冲突、亲子亲和）能有继时（对后续时间点数据）的预测作用，初三、初四的亲子关系（亲子冲突、亲子亲和）只能预测同时间点的社会行为，这说明，初一、初二时的亲子关系已经很稳定。

（四）亲子关系对学业成就的预测

学业成就的平均数和标准差见表2—5。以亲子矛盾（母子冲突、父子冲突）和亲子亲和（母子亲和、父子亲和）分别为自变量，以学业成就为因变量进行回归分析。

1. 结果

表2—5　　　　　　　　初中生学业成就的描述统计

	城市学校				农村学校			
	初一 （N=288）	初二 （N=172）	初三 （N=265）	初四 （N=219）	初一 （N=395）	初二 （N=391）	初三 （N=392）	初四 （N=317）
M	0.02	0.19	−0.02	0.09	−0.01	−0.11	0.01	−0.07
SD	0.96	0.93	1.01	0.96	0.85	0.86	0.82	0.75

（1）初一亲子冲突、亲子亲和对四个年级学业成就的预测

农村学校初一母子冲突对初一学业成就（$\beta = 0.235$，$t = 3.522$，

$p = 0.000$）、初二学业成就（$\beta = 0.250$，$t = 3.755$，$p = 0.000$）、初三学业成就（$\beta = 0.211$，$t = 3.071$，$p = 0.002$）预测显著。初一父子冲突对初一学业成就（$\beta = -0.137$，$t = -2.062$，$p = 0.040$）、初二学业成就（$\beta = -0.129$，$t = -1.935$，$p = 0.054$）预测显著。初一母子亲和对初二学业成就（$\beta = 0.180$，$t = 2.329$，$p = 0.020$）预测显著。

（2）初二亲子冲突、亲子亲和对三个年级学业成就的预测

农村学校初二母子冲突对初二学业成就（$\beta = 0.301$，$t = 4.501$，$p = 0.000$）、初三学业成就（$\beta = 0.281$，$t = 4.129$，$p = 0.000$）预测显著。初二母子亲和对初二学业成就（$\beta = 0.202$，$t = 2.902$，$p = 0.004$）、初三学业成就（$\beta = 0.226$，$t = 3.219$，$p = 0.001$）、初四学业成就（$\beta = 0.173$，$t = 2.089$，$p = 0.038$）预测显著。初二父子亲和对初二学业成就（$\beta = -0.171$，$t = -2.289$，$p = 0.023$）、初三学业成就（$\beta = -0.169$，$t = -2.253$，$p = 0.025$）、初四学业成就（$\beta = -0.185$，$t = -2.148$，$p = 0.033$）预测显著。

（3）初三亲子冲突、亲子亲和对两个年级学业成就的预测

农村学校初三母子亲和对初三学业成就（$\beta = 0.240$，$t = 2.834$，$p = 0.005$）、初四学业成就（$\beta = 0.202$，$t = 2.023$，$p = 0.044$）预测显著。初三父子亲和对初三学业成就（$\beta = -0.278$，$t = -3.129$，$p = 0.002$）、初四学业成就（$\beta = -0.295$，$t = -2.830$，$p = 0.005$）预测显著。

（4）初四亲子冲突、亲子亲和对初四年级学业成就的预测

城市学校初四父子冲突对初四学业成就（$\beta = -0.172$，$t = -2.052$，$p = 0.042$）预测显著。

2. 讨论

结果显示，亲子关系（亲子冲突、亲子亲和）能同时（同一时间点数据）和继时（前一时间点数据对后续时间点数据）预测

青少年的学业成就。

学习过程及学业成就的取得受到多种因素的影响，可以从不同视角加以解释。本部分从人际关系角度探讨学业成就问题。积极的亲子亲和是积极人际关系的表现，亲子冲突是消极人际关系的表达，积极的人际关系环境对个体的心理状态、学习状态应该能产生积极作用。反之，消极的人际关系对个体的影响是负面的。积极人际关系往往是交往双方良性互动的结果，在这个过程中对对方需求的觉知、对对方期望的合理、良好的沟通是建立和维持良好关系的基础。由于青少年是成长中的个体，因此，亲子关系还具有垂直关系的特征。父母作为青少年成长中的重要他人，给青少年以帮助、引导，或者纠正、训练青少年的行为。亲子亲和建立在父母对孩子的了解、以孩子能接受的方式管教孩子的基础上。因此，可以推论，亲子亲和对孩子的学业成就有正向的预测作用，亲子冲突对学业成就有负向预测作用。

但是，本书研究结果与这种推论不符。本研究的结果显示：母子关系（母子冲突、母子亲和）对青少年学业成就预测是正向的，父子关系（父子冲突、父子亲和）对学业成就的预测是负向的。需要强调的是，只有在初四时，城市学校中的父子冲突对学业成就预测显著，其他所有时间点预测显著的数据都来自农村学校。且母子关系（母子冲突、母子亲和）对青少年学业成就预测显著的方程数量，多于父子关系（父子冲突、父子亲和）对青少年学业成就预测显著的方程数量，说明母子关系对青少年的影响大于父子关系对青少年的影响。

这一结果可以从中国父母参与孩子成长的频率来解释。在中国多数家庭中，教育孩子的责任通常由妈妈承担，相较于母亲，父亲教育孩子的意识、投入的时间等普遍不及母亲。在农村家庭中，父亲在孩子成长发展过程中投入的时间和精力更少。农村剩余劳动力大规模地向城市转移，父亲忙于生计，无暇顾及孩子。孩子的教育问题基本是母亲唱独角戏，父亲缺位，本书研究结果从一个侧面诠释了这一问题。本书研究结果显示，因为父亲的缺位，所以母亲对孩子的影响大于父亲对孩子的影响。

如果父亲的缺位可以解释母亲对孩子的影响大于父亲对孩子的影响，那么，为什么母子关系（母子冲突、母子亲和）对青少年学业成就预测是正向的，而父子关系（父子冲突、父子亲和）对学业成就的预测是负向的？这可能是因为，农村孩子的教育问题基本由母亲承担，即使母亲与孩子沟通不畅、存在矛盾，那么也能说明母亲与孩子是有互动的，是关注孩子的，关注就好于忽视。所以，母子冲突和母子亲和对孩子的影响都是正向的。

亲子关系使用问卷的方法获得数据，通过对"争吵"、"生气"、"矛盾"出现的频率来获得亲子冲突的数据。如果父亲经常缺位，由于沟通交流的机会少，自然"争吵"、"生气"、"矛盾"就少，所以，亲子矛盾的分数低，亲子亲和的分数高。父亲缺位对孩子成长毫无疑问是消极的因素，所以，父子关系对学业预测是负向的。

参考文献

池丽萍、俞国良：《不同学业成就儿童的亲子沟通比较》，《心理科学》2012 年第 5 期。

邓林园、方晓义、阎静：《父母关系、亲子关系与青少年网络成瘾的关系及其作用机制》，《中国特殊教育》2013 年第 9 期。

方晓义、董奇：《初中一、二年级学生的亲子冲突》，《心理科学》1998 年第 2 期。

方晓义、张锦涛、孙莉等：《亲子冲突与青少年社会适应的关系》，《应用心理学》2003 年第 4 期。

刘海娇、田录梅、王姝琼等：《青少年的父子关系、母子关系及其对抑郁的影响》，《心理科学》2011 年第 6 期。

宫秀丽、刘长城、魏晓娟：《青少年期亲子关系的基本特征》，《青年探索》2008

年第 5 期。

罗凌云、苏莹荣:《青少年期亲子关系及其调适》,《青年探索》2011 年第 1 期。

刘莉、王美萍:《青少年期亲子和谐特点及与内外化问题行为的关系》,《中国特殊教育》2014 年第 1 期。

王峻:《农村初中生亲子冲突的特点》,山东师范大学硕士学位论文,2007 年。

王争艳、雷雳、刘红云:《亲子沟通对青少年社会适应的影响:兼及普通学校和工读学校的比较》,《心理科学》2004 年第 5 期。

杨晓明:《农村中学生家庭环境、亲子冲突及其应对策略的关系研究》,四川师范大学硕士学位论文,2012 年。

杨巧芳:《青少年孤独感与情绪智力、亲子依恋的关系研究》,西南大学硕士学位论文,2013 年。

张小锋:《农村初中生亲子关系与其学校适应的纵向研究》,鲁东大学硕士学位论文,2010 年。

郑淑杰:《儿童社会性发展与培养》,中国社会科学出版社 2012 年版。

张凌:《中学生的人际关系及其对学业成就的影响——基于中国教育追踪调查的实证研究》,《教育学报》2016 年第 6 期。

张秋凌、邹泓、王英春:《亲子依恋与青少年犯罪行为、心理适应的关系》,《中国心理卫生杂志》2005 年第 7 期。

张锦涛、刘勤学、邓林园等:《青少年亲子关系与网络成瘾:孤独感的中介作用》,《心理发展与教育》2011 年第 6 期。

Ambert A. M. (1997). *Parents, Children, and Adolescents: Interactive Relationships and Development in Context.* New York: The Haworth Press.

Antognoli-Toland P. L. (2001). Parent-child relationship, Family Structure, and Loneliness among Adolescents. *Adolescent and Family Health*, 2 (1), pp. 20 – 26.

Alanko K., Santtila P., Witting K., Varjonen M., Jern P., Johansson A., Pahlen B. V. D. & Sandnabba N. K. (2009). Psychiatric Symptoms and Same-sax Sexual Attraction and Behavior in Light of Childhood Gender Atypical Behavior and Parental Relations. *The Journal of Sex Research*, (46) 5, pp. 494 – 504.

Alanko K., Santtila P., Salo B., Jern P., Johansson A., et al. (2011). Psychiatric Symptoms and Sexual Orientation in Light of Childhood Gender Atypical Behavior and Parental Relations. *British Journal of Developmental Psychology*, 29, pp. 214 – 233.

Barkley R. A. (1989). Hyperactive Girls and Boys: Stimulant Drug Effects on Mother-child Interactions. *Journal of Child Psychology and Psychiatry and Allied Disciplines*, 30, pp. 379 – 390.

Brumariu L. E. & Kerns K. A. (2010). Parent-child Attachment and Internalizing Symptoms in Childhood and Adolescence: A Review of Empirical Findings and Future Directions. *Development and Psychopathology*, 22 (1), pp. 177 – 203.

Cooper C. R. (1988). Commentary: The Role of Conflict in Adolescent-parent Relationships. In M. R. Gunnar & W. A. Collins (Eds.), 21*st Minnesota symposium on Child Psychology* (pp. 181 – 187), Hillsdale, NJ: Erlbaum.

Collins W. A., Harris M. L. & Susman A. (1995). Parenting during Middle Childhood. In M. H. Duck S. (1992). Human Relationships (2nd ed.), London: Sage. Hartup, W. W. (1989). Social Relationships and Their Developmental Significance. *American Psychologist*, 44, pp. 120 – 126.

Degoede I. H. A., Branje S. J. T. & Meeus W. H. J. (2009). Developmental Changes in Adolescents' Perceptions of Relationships with Their Parents. *Journal of Youth and Adolescence*, 38 (1), pp. 75 – 88.

Hinde R. A. (1987). *Individuals, Relationships and Culture: Links between Ethology and the Social Sciences.* Cambridge, England: Cambridge University Press.

Hodges E. V., Finnegan R. A. & Perry D. G. (1999). Skewed Autonomy-relatedness in Preadolescents' Conceptions of Their Relationships with Mother, Father, and Best friend. *Developmental Psychology*, 35 (3), pp. 737 – 748.

Holmbeck G. & Hill J. (1988). *The Role of Familial Conflict in Adaptation to Menarche: Sequential Analysis of Family Interaction.* Department of Psychology, Temple University.

Harach L. D. & Kuczynski L. J. (2005). Construction and Maintenance of Parent-child Relationships: Bidirectional Contributions from the Perspective of Parents. *Infant and Child Development*, 14 (4), pp. 327 – 343.

Maccoby E. E. (1999). The Uniqueness of the Parent-child Relationship. In W. A. Collins & B. Laursen (Eds.), *Minnesota Symposia on Child Psychology: Vol. 30. Relationships in developmental contexts* (pp. 13 – 35), Mahwah NJ: Erlbaum.

Murray K. W., Dwyer K. M. & Rubin K. H. (2014). Parent-child Relationships, Parental Psychological Control, and Aggression: Maternal and Paternal Relationships. *Journal of Youth and Adolescence*, 43 (8), pp. 1361 – 1373.

Michiels D. , Grietens H. , Onghena P. & Kuppens S. (2010). Perceptions of Maternal and Paternal Attachment Security in Middle Childhood: Links with Positive Parental Affection and Psychosocial Adjustment. *Early Child Development and Care*, 180 (1 – 2), pp. 211 – 225.

Mcleod B. D. , Weisz J. R. & Wood J. J. (2007). Examining the Association Between Parenting and Childhood Depression: A Meta-analysis. *Clinical Psychology Review*, 27 (8), pp. 986 – 1003.

McLeod B. D. , Wood J. J. & Weisz J. R. (2007). Examining the Association between Parenting and Childhood Anxiety: A Meta-analysis. *Clinical Psychology Review*, 27 (2), pp. 155 – 172.

Montemayor R. (1983). Parents and Adolescents in Conflict: All Families Some of the Time and Some Families Most of the Time. *Journal of Early Adolescence*, 3 (1 – 2), pp. 83 – 103.

Nelemans S. A. , Branje S. J. T. , Hale W. W. , Goossens L. , Koot H. M. , Oldehinkel A. J. & Meeus W. H. J. (2016). Discrepancies between Perceptions of the Parent-adolescent Relationship and Early Adolescent Depressive Symptoms: An Illustration of Polynomial Regression Analysis. *Journal of Youth and Adolescence*, 45 (10), pp. 2049 – 2063.

Noller P. & Fitzpatrick M. S. (1993). *Communication in Family Relationships*. Englewood Cliffs NJ: Prentice Hall.

Offer D. , Ostrov E. & Howard, K. (1981). *The Adolescent: Apsychological Self- portrait*. New York: Basic Books.

Patterson G. R. & Bank, L. (1989). Some Amplifying Mechanisms for Pathologic Processin Families. In M. R. Gunnar & E. Thelen (Eds.), *Minnesota Symposia on Child Psychology*, Hillsdale NJ: Erlbaum.

Rubin K. H. , Dwyer K. M. , Booth-La Force C. , Kim A. H. , Burgess K. B. & Rose-Krasnor L. (2004). Attachment, Friendship, and Psychosocial Functioning in Early Adolescence. *The Journal of Early Adolescence*, 24 (4), pp. 326 – 356.

Russell A. & Saebel J. (1997). Mother-son, mother-daughter, Father-son, and Father-daughter: Are They Distinct Relationships? *Developmental Review*, 17, pp. 111 – 147.

Rothbaum F. & Weisz J. R. (1994). Parental Caregiving and Child Externalizing Behavior in Nonclinical Samples: A Meta-analysis. *Psychological Bulletin*, 116 (1), pp. 55 – 74.

Selman R. L. (1980). *The Growth of Interpersonal Understanding*. New York: Academic Press.

Steinberg L. D. (1981). Transformations in Family Relations at Puberty. *Developmental Psychology*, 17 (6), pp. 833 – 840.

Smetana J. G. (1989). Adolescents' and Parents' reasoning about Actual Family Conflict. *Child Development*, 60 (5), pp. 1052 – 1067.

Sengsavang S. & Krettenauer T. (2015). Children's Moral Self-concept: The Role of Aggression and Parent-child Relationships. *Merrill-Palmer Quarterly*, 61 (2), pp. 213 – 235.

Schofield T. J., Parke R. D., Kim Y. & Coltrane S. (2008). Bridging the Acculturation Gap: Parent-child Relationship Quality as a Moderator in Mexican American Families. *Developmental Psychology*, 44 (4), pp. 1190 – 1194.

You S. & Kim A. Y. (2016). Understanding Aggression Through Attachment and Social Emotional Competence in Korean Middle School Students. *School Psychology International*, 37 (3), pp. 255 – 270.

第 三 章

同伴关系

同伴关系是指年龄相近或相同的儿童之间由相互交往而建立起来的人际关系，同伴关系表现为同伴地位（接纳与拒绝）和友谊（Rubin，Bukowski & Parker，2006）。

地位是指个体或团体在社会关系中所处的位置，同伴地位是指儿童在所生活的同龄人群体中所处的位置。同伴地位以同伴的接纳与拒绝为衡量指标，同伴接纳与拒绝反映了个体在同伴团体中的地位。如果两个同伴间互认为是朋友，那么这两个人之间的关系称为友谊。友谊是积极人际关系的表现，这种关系具有亲密、互惠的特征。

同伴地位是个体参与同伴群体的指标，而友谊是个体获得情感支持和自我认同的来源。在群体中获得较高地位与友谊，需要个体具备的能力与特质不同，同伴地位与友谊反映了个体发展的不同领域，二者对个体发展的作用也不相同（Lubbers et al.，2006）。

儿童交往的人有两类：成人与同伴，他们在儿童发展过程中都具有非常重要的作用，但不能互相替代。对同伴关系与同伴地位的研究，是从研究方法的改变开始的。

第一节　文献综述

一　社会测量

社会测量是一种量化个体在群体中吸引他人、被他人拒绝（排斥）的研究技术。该方法通过一些问题来收集信息，如，"你喜欢和谁一起做游戏"、"你喜欢和谁一起讨论问题"，通过分析被试者提供的信息来判断个体在团体中的地位。该方法于 1934 年由莫里诺（Moreno）首创，后被广泛应用。

莫里诺假设人际交往的经验可以从三个维度概括——吸引、拒绝（反感）和不感兴趣（冷漠）。这三个维度既可以反映某一个体如何看待团体中的他人，也可以反映他人（团体）如何看待团体中的某一个体。目前，多数研究关注他人如何看待团体中的某一个体——研究个体在团体中的地位和描绘团体社会结构。研究个体在团体中的地位以个体为分析单元，描绘团体社会结构以团体为分析单元。本部分所讨论的内容主要是以个体为分析单元。

对个体分析的基本维度是人际吸引与拒绝，同伴积极评价被视为同伴接纳，同伴的消极评价被视为同伴拒绝。在同伴提名中通常使用下述几类问题：（1）根据特定标准选择同伴（谁适合做领导？谁愿意帮助别人？）；（2）根据特定标准对同伴进行排序或评价（与××在一起做游戏的愿意程度是多少？）；（3）配对比较，对所有同伴进行配对评价（你更愿意与谁在一起玩？）。

（一）提名测验

对同伴接纳、拒绝的研究一直使用同伴提名的方法。班级内的同学根据积极和消极的标准对同伴进行提名，用同伴积极提名的数量或比例作为同伴接纳、喜爱的指标，用同伴消极提名的数量或比例作为同伴拒绝、反感的指标。同伴提名的问题基本为两类：（1）直接表达喜好的问题（列举你最喜欢的同学）；（2）具体任务或非直接表达喜好的问题（列举你喜欢一起游戏的同学）。莫里诺更倾向于第二类问题，因为第一类问题（喜欢、友谊）更为抽象，抽象问题在理解上容易存在差异，所以测量结果的意义会有折扣。

为克服记忆对提名的影响，通常给儿童提供一份名单供提名时使用；对于更小的没有阅读能力的儿童，则给他们提供照片供提名使用。

如何使提名这项研究技术更有效是该领域一直关注的问题。首先，是否要限定提名数量？20 世纪五六十年代的研究显示，限定提名和非限定提名的差异不大，因此主张使用限定数量（通常是3—5 个）提名，因为限定数量提名数据的收集和处理都比较简单；但是，后来的研究显示非限定数量提名数据分布质量更好，即数据分布广且偏度小（Terry，2000）。所以，尽管限定数量提名耗时少，但是非限定数量提名更接近心理测量的要求。

其次，对提名结果是否进行加权？加权是考虑到提名顺序所表达的差异，对先提到的同伴给予更高的分数。加权的基本假设是，先提到的同伴更符合提名的标准，但是，这种假设可能存在问题。因为在指导语中并没有给被试者相关加权的提示；另外，给儿童提供的名单顺序也对提名顺序有影响（名字在前面的儿童更有可能被先提名）。鉴于加权后的数据与未加权数据具有很高的相关，很多研究对数据不进行加权处理。

再次，用什么标准判断个体在团体中的社会地位？绝对标准还是相对标准？莫里诺区分团体明星的标准是绝对的：从团体中获得三个或三个以上积极提名的就是团体中的明星。布朗芬布伦纳（Bronfenbrenner）认为应该使用统计学标准（个体在团体中的相对位置）来区分明星。在实际研究中莫里诺的绝对标准使用较多。

最后，接纳和拒绝的维度各包括什么？最初，认为接纳和拒绝是一维的两极，一个分数高即意味着另一个分数低。但是，1960—1970 年的研究显示，接纳和拒绝的分数只有中等程度的负相关或无关（Moore，1964；Roff，1972），接纳、拒绝与其他行为的关系也是不同的。于是，人们倾向于认为接纳和拒绝是反映了人际吸引的不同方面。布科夫斯基（Bukowski，2000）等人发现，同伴接纳分数高的儿童，同伴拒绝的分数低；但是，同伴接纳分数低的儿童，同伴拒绝分数的分布却很广泛。与此类似的是，同伴拒绝分数高的儿童，同伴接纳的分数低；但是，同伴拒绝分数低的儿童，同伴接纳的分数不一定高。

由于认为接纳和拒绝反映了人际吸引的不同方面，因此，对个体社会地位的评价也有不同的取向。早期的研究对同伴接纳的界定只依据积极提名，但是，这种取向遭到批评，理由是没有将被同伴拒绝的儿童区分开来。因此，另一种研究取向是综合考虑积极提名和消极提名（积极提名减消极提名），这种取向的缺点是没有区分出被忽视的儿童，即不被他人（团体）关心的个体。为避免上述研究的不足，格伦隆德（Gronlund，1959）将积极提名和消极提名作为两个不同维度来使用，区分出四类儿童：明星（star）——积极提名分数高、没有或很少有消极提名；被拒绝儿童（rejected）——消极提名分数很高、没有或很少有积极提名；被忽视儿童（neglected）——积极提名和消极提名都很少或没有；有争议儿童（controversial）——积极提名和消极提名都很多。

皮里（Peery，1979）的分类考虑了积极提名、消极提名和被关注度三个方面。将积极提名和消极提名之和作为社会影响度，将积极提名减消极提名作为社会喜好度，于是儿童被分为四个类型。受欢迎的儿童（popular）：社会影响和社会喜好都高于平均数；退缩儿童（isolated）：社会影响和社会喜好都低于平均数；被拒绝儿童（rejected）：社会影响高于平均数、社会喜好低于平均数；友好型儿童（amiable）：社会影响低于平均数、社会喜好高于平均数。

此后，还有对各类儿童更为严格的划分。科伊（Coie，1982）将被拒绝儿童定义为：社会喜好度低于平均数一个标准差、同伴拒绝分数高于平均数、同伴接纳的分数低于平均数。纽科姆（Newcomb，1983）对被拒绝儿童的定义为：同伴拒绝分数高于平均数、同伴接纳分数等于或小于平均数。尽管两者的标准不同，但在分类时有88%的儿童分类结果是一致的。小学生中被标定为受欢迎的儿童和被拒绝的儿童各占12%—13%，被忽视和有争议儿童各占6%—7%，余下的58%—60%的儿童为未分类儿童或一般儿童（Terry，1991）。

（二）等距测量

使用李克特量表（你在多大程度上喜欢与某人一起玩?），对小学生常使用五点量表，个别研究也使用七点量表。用这种方法测量学前儿童时，用人脸的表情（悲伤的、中性的和高兴的）来表达儿童对问题的回答。测量结果提供了喜欢与否、受欢迎与否的依据，高分数反映了团体对个体的喜欢、接纳或欢迎，低分数反映了拒绝、不喜欢、不受欢迎。

赞同等距测量者认为，相对于同伴提名，该方法关照到所有个体，数据的稳定性和可信性更高。这种测量的缺点是数据的单维性，没有办法区分被忽视和被拒绝的儿童。如果一定要区分个体在团体中的地位，就把所获数据切分成三个团体——受欢迎的儿童（popular）、一般的儿童（average）和被拒绝的儿童（rejected）。通常以平均数加减一个标准差为标准。用同伴提名方法区分出的被忽视儿童，用等距测量则没有办法区分出来；而这些被忽视的儿童在等距测量中被喜爱的分数从高到低分布得很广。观察发现，被忽视儿童经常受到同伴的喜欢，那么社会测量区分出的被忽视儿童是否是一个有意义的类别，是值得讨论的。可见，莫里诺所建构的人际交往经验的三个维度之一——不感兴趣（冷漠），不论在个体水平还是在群体水平上仍然是一个有争议的问题。

另一个问题是，社会测量和等距测量所测量的社会结构相同吗？布科夫斯基（2000）认为等距测量所得到的喜欢—不喜欢，与社会测量的社会喜好度（积极提名减消极提名）的相关，要高于与接纳的相关。同时还发现，等距测量中获得最高分者的数量与社会测量中获得的同伴接纳的人数基本一致；等距测量中获得最低分者的数量与社会测量中获得的同伴拒绝的人数相差无几。尽管等距测量和同伴提名都可以区分同伴接纳和拒绝，但是，等距测量更能反映社会喜好度这一结构。

特里（Terry，1991）比较了小学生中使用等距测量和同伴提名方法对儿童的分类，发现对受欢迎儿童和被拒绝儿童数量的划分基本一致，等距测量会出现比较多的一般儿童。有研究显示，同伴提名划分出的被拒绝儿童与等距测量划分出的不被喜欢的儿童基本一致。

直到马森（Maassen，2000）等人使用"SSrat"的技术，才打破了只有同伴提名方法能区分被忽视儿童和有争议儿童的局限。该技术使用七点量表，从 -3（非常不喜欢）到 +3（非常喜欢），中点 0 被认为是中立判断。在分类时，将 +1 到 +3 视为接纳，将 -1 到 -3 视为同伴拒绝，0 视为"未提名"。于是可以划分出用同伴提名划分的各类儿童。这种方法分类的稳定性（一年的时间跨度）优于科伊（1982）和纽科姆（1983）的研究结果。

使用单维等距测量，对小学生的研究（Terry，1991）发现，有13%—14%的儿童是受欢迎的（popular）、16%的儿童是被拒绝的、70%的儿童是一般的（以平均数 ± 一个标准差为标准）。马森（2000）的研究结果是，10%—15%的儿童为受欢迎的、13%—17%为被拒绝的、0%—1%为有争议的、1%—5%为被忽视的、67%—70%为一般的。相对于提名方法的分类结果，等距测量的分类结果有更多的受欢迎和被拒绝儿童，较少被忽视和有争议儿童。

同伴提名技术和等距测量之争已有几十年，虽然争论属于方法论问题，但是个体经历与他人关系的问题依然存在。人际关系究竟是单维的连续体（喜欢与不喜欢、同情与反感），还是更为复杂的三维结构（吸引、反感、不感兴趣或冷漠），到目前为止仍不清楚。未来的理论、实证研究仍需对这一基本问题继续讨论。

（三）社会测量的准确性

对社会测量准确性问题的讨论较少，原因之一是很难将测量出现的问题和测量的特征区分开来，因为评价测量好坏的经典标准——信度和效度，对于社会测量所评价的接纳和拒绝是一个难题。社会测量一般使用重测信度检验短期或长期的社会测量稳定性（同伴的社会地位），这隐含着一个假设，即团体的地位（结构）是稳定的，如同人格特质一样，那么这种假设成立吗？如果团体是互动的、变化的，那么重测的结果更应该反映的是团体地位（结构）的稳定而不是反映个体结果的稳定。可见，想通过内部一致性来证明社会测量的信度依然有困难，因为社会测量希望不同个体对同一对象的评价是不一致的。

尽管存在诸多问题，对小学生的实证研究却显示，同伴接纳和拒接具有跨时间的稳定性。间隔六个月使用同伴提名和等距测量的方法，获得同伴接纳重测相关系数是 0.55，同伴拒绝重测的相关系数是 0.65（Asher，1986）。间隔两年的重测相关结果显示，同伴接纳的相关系数是 0.45、同伴拒绝的相关系数是 0.32、社会喜好的相关系数是 0.46、社会影响的相关系数是 0.29、一般儿童相关系数是 0.46（Terry，1991）。间隔三年（三到六年级）的重测显示，同伴接纳的相关系数是 0.42、同伴拒绝相关系数是 0.34、社会喜好相关系数是 0.45（Roff，1972）。对学前儿童社会测量结果显示，即使短期间隔的重测结果，其稳定性也比较差，等距测量的重测结果比同伴提名重测结果的稳定性要好些。

根据社会测量结果划分的个体社会地位也是值得关注的问题。对 12 个研究（时间跨度从一个月到四年、被试者的年龄从学前儿童到 12 年级的学生）的分析显示，社会地位的稳定性随重测间隔时间的增加而下降。四到六年级小学生在一到三个月的间隔期间表现出中等稳定性，四个月至四年间隔的重测稳定性比较差。有研究显示，41%的小学生在一年期间仍保持其社会地位，23%的小学生在四年期间能保持其社会地位（Coie，1983）。个体在团体中地位的稳定性还因社会地位不同而有差异，一般儿童、受欢迎儿童和被拒绝儿童的稳定性比有争议、被忽视儿童要好（Cillessen，2000）。

另一个需要考虑的问题是不同评价者之间的一致性，即评价者间信度或同时效度。对学前儿童和小学生的研究结果显示，同伴与教师之间的评价表现出中等程度的一致性，系数的变化在0.2至0.7。可见，老师与同伴所评价的人际互动既有相同之处也有不同之点，老师与同伴对团体社会结构的评价不完全一致。

评价者间信度是否与评价者的性别有关也曾引起关注。研究发现，不同性别评价者对同性和异性的评价结果（最喜欢的提名、最不喜欢的提名、社会喜好度、社会影响分数）的一致性非常高，不同性别对所区分出的五类儿童（被拒绝、被忽视、受欢迎、有争议的和一般儿童）也表现出高度一致。尽管有事实表明，同伴提名更倾向提名同性别的同伴，但上述研究结果表明，小学期间男孩和女孩对同伴的认知具有高度的一致性。

（四）同伴团体的背景

到目前为止，社会测量基本是在班级或学校的范围内进行，班级或学校代表了童年期主要的社会化团体，比较容易测量。然而，班级和学校所提供的儿童社会关系还是不够全面的，既不能反映同伴互动的广度，也不能反映同伴交往的性质（网络交友、邻居、课余学习交友），不能反映与成人、同胞交往对同伴交往缺失的补偿，不能反映友谊的质量。随着年龄增长，各种社会团体在儿童发展中的作用逐渐增强，因为学校之外的同伴交往迅速扩大。这是今后研究需要考虑的问题。

在班级背景下，还需要考虑参与提名的人数问题，即有一个合适的参与比例。克里克（Crick，1989）使用计算机模拟的方法证明了参与社会测量人数的减少会降低测量的准确性，班级中至少75％的个体参与测量，那么测量数据才是可接受的。

（五）伦理问题

有人指出，对同伴消极提名是对同伴伤害的合理化，会造成团体内的消极互动。但是，多项研究的结果显示，社会测量并没有降低对同伴的接纳，没有导致退缩或感到孤独、不愉快。多数儿童对社会测量这一活动的反应是积极的。

尽管如此，在实际测量过程中要注意将消极影响降至最低，如在指导语中明确要求对提名结果的保密，容许提名校外的朋友（如果在学校没有朋友），对消极提名标准表达得温和化（不用"最不喜欢"，代之以"不太喜欢"等），避免全部是消极提名。相较于同伴提名，等距测量遇到的伦理方面的挑战要少些，因为这种测量的方法不是让儿童根据一个消极标准进行提名，而是让儿童在一个连续尺度上进行评价，当然这个连续尺度也容许儿童做消极的评价。有研究将同伴积极提名与等距测量结合使用，区分被拒绝、被忽视儿童，而不使用消极提名（Asher，1986）。

二　同伴接纳和拒绝的影响因素

儿童在团体中的地位不同，有人受欢迎、有人被拒绝。研究发现，四个因素导致儿童社会地位的差异：攻击、退缩、社交性和认知技能。

被同伴接纳的儿童比不被接纳的儿童表现出较好的社会交往能力、领导才能、观点采择能力、助人与合作倾向、问题解决技能、较低的退缩和攻击行为。那些被同伴接纳程度更高的儿童具有更多的优势——运动才能、吸引力、经济富有和时尚等特征（Vaillancourt，2001）。

被拒绝儿童与多种缺陷相关联，他们的社交能力低、观点采择能力低、口头交流技能低，学校表现不理想（成绩不好、适应能力低）。研究还显示，被同伴拒绝与社会经济地位低下、外表吸引力低有关。但是，与同伴拒绝关系最为密切的因素是攻击和退缩行为，约40%—50%的被拒绝儿童有攻击行为，约10%—20%的被拒绝儿童有退缩行为（Rubin，1998）。

被拒绝儿童与攻击、退缩行为的关系密切，这种密切的关系受儿童所生活群体行为规范的影响。例如，退缩行为在学前儿童身上的表现既不突出，也不被视为异常，因此，该阶段的被同伴拒绝与退缩行为的关系不显著。而到小学阶段，被同伴拒绝与退缩行为的关系表现突出，因为，随着年龄的增长，退缩行为越来越被视为非常态行为。尽管攻击行为与被同伴拒绝关系密切，但是，有些具有攻击行为的儿童在某些背景下是被同伴接纳的。在攻击行为较普遍的班级背景下，攻击行为与同伴拒绝关系较弱；在攻击行为较少的班级背景下，攻击行为与被拒绝的关系较强。可见，年龄和团体背景都有可能成为被同伴拒绝的因素，而不仅仅是攻击和退缩行为。所以，被同伴拒绝与社会行为之间的关系比我们想象的要复杂。

现有的对有争议和被忽视儿童的行为特征研究甚少，因为这些儿童的人数少且不稳定，需要大样本才能区分出这些儿童。已有研究显示，有争议儿童同时具有被接纳和被拒绝儿童的双重特征：社交能力强但攻击行为明显。帕克赫斯特（Parkhurst，1998）的研究显示，有争议儿童比被拒绝儿童更具有攻击性，比受欢迎儿童更受同伴的喜欢。与一般儿童相比，被忽视儿童在社会交往、攻击行为、破坏行为和人际互动方面表现出较低水平（Rubin，1998）。尽管在一些研究中，被忽视与退缩行为相关，但相较于被忽视，退缩行为更倾向于被认为是被拒绝儿童的特征而不是被忽视儿童的特征。

综上所述，对同伴拒绝和接纳儿童的行为特征已有了较清晰的认识，后续研究需要关注的问题有：揭示被拒绝与各种特征之间的关系是如何因年龄、团体规范的不同而变化的；澄清有争议和被忽视儿童的特征；虽然明确了被同伴接纳、拒绝的行为特征，但是，其社会地位形成的过程和机制尚不清楚，不同的社会地位对其后期发展有什么样的作用还不是很了解。

三　同伴地位与后期发展

对早期同伴地位与后期发展之间关系的追踪研究显示，早期被同伴拒绝能预测后期的适应问题——学业困难、内隐问题（孤独、自尊水平低、抑郁）和外显问题（攻击、捣乱、犯罪）（McDougall，2001）。那么，早期社会地位与后期的适应是什么关系？早期的社会地位是后期适应的原因吗？

对社会地位所导致结果的研究主要集中在被拒绝儿童这个群体，研究一般以帕克（Parker，1987）的理论为指导。该理论认为，表现出非常态和消极行为（攻击、退缩等）的儿童容易经历消极的同伴关系，如被同伴拒绝；被拒绝剥夺了儿童社会化经验，而这些经验有助于儿童发展积极的社会技能；被拒绝使儿童经历消极的同伴经验，包括加入帮派团伙、被欺负。纵向追踪研究显示，非常态或消极行为与同伴拒绝共同导致消极的发展结果。

（一）内隐行为

很多研究表明，退缩行为、同伴拒绝是预测后期内隐问题（孤独、抑郁）的重要变量。退缩行为、同伴拒绝与后期内隐问题之间的关系，受经历到的消极同伴经验、对自己社会地位感受的影响。研究显示，那些遭受同伴拒绝且被欺负的儿童，他们的行为退缩、同伴拒绝与后期的抑郁关联更为密切；消极的同伴经验对抑郁的影

响只在那些感到孤独、对同伴环境不满的儿童身上表现出来。除了
社会化经验，儿童对自身社会环境或地位的认识，有助于研究者理
解社会行为、同伴拒绝导致内隐行为问题的心理机制（Valas，
1996）。儿童对自己社会地位认知的作用，再一次说明莫雷诺观点
的重要性：个体对他人（团体）的认识、他人（团体）对个体的
认识都是很重要的。

（二）外显行为

用同伴拒绝预测外显问题的研究结果一致性不强。尽管有研究
显示，早期同伴接纳程度低可以预测后期的不良和犯罪行为（Ku-
persmidt，1995），但有研究认为，是攻击行为而不是同伴拒绝能预
测随后的攻击和反社会行为（Kupersmidt，1990）。还有研究认为，
是攻击和同伴拒绝一起对男孩的后期品行问题有很强的预测作用
（Coie，1995）。在因果关系的各研究中，有一个相同的结论——攻
击和同伴关系困难都与后期的外显问题相关联，尽管同伴拒绝是非
直接的关联。有人特别强调，当个体被同伴拒绝，就容易加入不良
团伙，而加入团伙则增加了他们表现出外显问题的可能性。就好像
学业成就一样，被同伴拒绝的消极影响还受这些儿童是否有不利的
社会化经验的影响（如果有加入不良团体的消极经验，则消极影响
更大）。

（三）学业成就

已有研究证实了同伴地位对学业成就的影响（Buhs，Ladd &
Herald，2006；Véronneaua et al.，2010）。早期的同伴拒绝与后期的
学校适应困难相关联，包括留级、旷课、逃学和辍学。这种早期发
展与后期适应之间关联的性质目前还不是很清楚。例如，尽管童年
期的同伴拒绝能预测后期的辍学，但是，这些辍学的儿童在辍学那
个时间点并不是被同伴拒绝的。这说明，社会行为与同伴拒绝共同
造成了学业困难，特别是那些同时具有攻击行为和被同伴拒绝经历

的儿童，是最容易成为早期辍学的儿童（Kupersmidt，1990）。贝尔莫拉（Bellmorea，2011）追踪研究了四到八年级儿童，发现前一年同伴拒绝的数据可以预测下一年的学业成就。

海梅尔（Hymel，1996）认为，那些攻击同伴并被同伴拒绝的儿童更容易加入不良团伙，如果团伙的价值观是不追求学业成功、贬低学业价值，那么团伙成员就具有辍学的危险性。可见，被同伴拒绝且具有攻击行为的儿童缺少积极的社会化经验，这不利于他们社会技能的提高和继续学业，他们会逐渐脱离学校环境，最终辍学。

四 友谊的适应功能

（一）内隐行为

有研究显示，友谊与内隐行为之间存在关联，这种关联很复杂，友谊并非单独对内隐问题产生影响。鲁宾（Rubin，2004）以162名五年级学生为被试者的研究认为，友谊和亲子关系可以预测低水平的内隐问题；对女孩来讲，友谊质量水平低可以预测被同伴拒绝和被欺负，高质量的友谊关系可以调节母亲支持水平低对内隐问题的影响。拉格雷长（La Greca，2005）以421名14—19岁青少年为被试者的研究发现，高友谊质量与同伴亲和、异性约会伴侣关系共同对青少年的焦虑起到保护作用；朋友间的消极互动能预测高水平的社会焦虑；低质量的友谊关系能预测抑郁症状。盖特纳（Gaertner，2010）以65名10—13岁青少年为被试者追踪一年，研究友谊质量对"教养行为与内隐、外显行为问题之间关系"的调节作用，结果显示，高水平的友谊能预测内隐问题的降低，当友谊质量高时，积极的教养行为与内隐问题没有关联，当友谊质量低时，积极教养行为与内隐问题的增加有关联。

对友谊与内隐行为之间关联的研究发现，这种关联不仅在横断研究中存在，在追踪研究中也有表现。温策尔（Wentzel，2004）的研究认为，有互选朋友，对个体的情绪适应有即时影响。伯克（Burk，2005）以282名11—16岁青少年和他们的朋友为被试者的研究发现，友谊质量与内隐问题相关联；与积极的朋友关系相比，消极的朋友关系与内隐行为问题关系更为密切。威尔金森（Wilkinson，2010）以13—19岁495名青少年为被试者的研究发现，朋友间的依恋（焦虑、回避）能预测青少年的抑郁。金捷里（Kingery，2011）以365名5—6年级的青少年为被试者的研究发现，朋友的数量和朋友关系可以预测孤独。泰娅（Teja，2013）以121名11—19岁移民加拿大的中国裔青少年为被试者的研究认为，友谊可以预测教师评价的内隐行为问题、自我报告的抑郁、焦虑等。夸德罗斯（Cuadros，2016）以614名四到六年级智利儿童为被试者的一年追踪研究显示，女孩朋友间的自我披露、支持可以调节被欺负对情绪的影响，男孩朋友间的支持可以调节被欺负对情绪的影响。

（二）外显行为

友谊与外显行为之间存在即时的关联。对男孩来讲，低水平的友谊关系影响社会能力（Rubin，2004）；双向友谊对个体的亲社会行为有影响（Wentzel，2004）。友谊质量与外显行为问题相关联；与积极的朋友关系相比，消极的朋友关系与外显行为问题关系更为密切（Burk，2005），友谊可以预测教师评价的外显行为问题（Teja，2013）。威斯克（Wissink，2009）以508名12—16岁的青少年为被试者的研究发现，以接触频率、相互信任、朋友的失范行为（逃票、破坏行为等）来测量朋友间的友谊，结果显示，友谊关系可以预测攻击行为、违法行为。友谊质量低会将青少年（8—14岁）置于被欺凌的危险境地（Crawforda，2011）。

友谊与外显行为之间的关联存在跨时间的稳定性。川端康成（Kawabata，2010）以138名9—10岁日本儿童为被试者的半年追踪研究认为，消极的朋友关系强化了关系攻击行为，积极的朋友关系可以减弱关系攻击与被欺凌之间的关联，友谊关系只与身体攻击不存在关联，与身体被欺凌存在关联。卡林斯（Karins，2010）以1025 名青少年为被试者研究友谊和社会地位在青少年犯罪中的作用。结果发现，如果一个青少年朋友的社会地位高，那么该青少年更容易表现出身体攻击；如果一个青少年朋友的社会地位低，那么该青少年更容易表现出毁坏物品的行为；双向朋友之间在暴力犯罪、毁坏物品方面存在正相关。纵向追踪数据显示，如果一个青少年的朋友社会地位高且有毁坏物品的行为，那么该青少年毁坏物品的行为呈上升趋势，如果一个青少年的朋友社会地位低且有毁坏物品的行为，那么该青少年毁坏物品的行为呈下降趋势；双向朋友之间，如果其中一个人具有毁坏物品的行为，另一个人毁坏物品的行为增加，在单向朋友之间这种行为是呈下降趋势的。弗兰肯（Franken，2016）以 1144 名 11—15 岁的青少年为被试者的追踪研究发现，低自我控制水平和朋友的外显问题行为能共同预测青少年外显问题的增加。

（三）学业成就

友谊可以预测教师评价的学习问题，友谊是预测学习问题独特、重要的变量（Teja，2013），伊拉斯（Erath，2008）等人以六、七年级学生为被试者的研究认为，来自朋友的支持、友谊都能单独正向预测个体的学业能力。

友谊的质量和朋友数量都与学业成就存在关联。辍学的学生拥有更多朋友（Janosz，2000），朋友的数量和朋友关系可以预测学业成就、在校表现等（Kingery，2011）。互选朋友数量对七、八年级学生的学业成就具有显著的正向预测作用（Lubbers et al.，2006）。

朋友间的友谊，既有亲密的互动，也有矛盾冲突，两者跟学业成就的关联度不一样。把友谊视为支持的孩子在学校更快乐，对学校的态度更积极；与朋友的冲突水平与学校适应困难呈正相关，这在男孩身上表现得更明显（Ladd et al., 1996）；与积极的朋友关系相比，消极的朋友关系与学业成就关系更为密切（Burk, 2005）。

追踪数据也显示，友谊与学业成就之间存在关联。两年追踪数据显示，前测时间点是否有互选朋友能够预测后测的学业成就（Tomada et al., 2005）。

友谊与学业成就的关系很复杂。有研究者认为相比于同伴地位，友谊对学业成就的影响较小（Wentzel, 2005）。然而，青少年处于心理断乳、追求独立的阶段，摆脱对父母依赖的同时，需要与同龄人建立密切的人际关系，而友谊是最密切的人际关系，因此友谊应该具有重要意义，以及不同于其他时期的独特特点（Crosonoe, Cavanagh & Elder, 2003）。

五　以往研究存在的问题与研究问题的提出

从 1934 年莫里诺的研究开始，同伴接纳与拒绝方面研究的重心就是同伴团体对个体的评价，以社会测量的总分或地位类别来标定个体是被同伴团体拒绝还是接纳。与此同时，该领域还关注同伴接纳、拒绝与适应的关系，伴随着这些研究的是对研究方法的讨论与进步。近年来，该领域的发展主要表现为统计分析技术的进步，从而满足实证研究的需要。

基于对前人研究的分析，今后的研究需要关注四个问题。首先，是个体对同伴团体的认识，到目前为止，以往研究关心的主要是团体如何评价个体（接纳与拒绝），但是没有考虑同伴团体结构的复杂背景。因为被同伴拒绝的儿童可能对同伴团体的认识，以及受同伴团体的影响是不同的。其次，是个体对同伴团体的认知，尽管早在1934 年莫里诺就提出对团体功能的多重理解，但是，已有研究基本上是在讨论团体的认知（对个人的评价），而非个体对团体的认知

（个体如何看待团体）。因此，要重视个体对自己社会地位的认知（McDougall，2001）。再次，同伴关系的研究多是对同伴地位的关注，对友谊及其适应功能的关注不够。有研究发现对一般同伴的依恋和对好朋友的依恋，都能预测青少年的抑郁、自尊和学业态度，但是对好朋友依恋的预测力更强（Wilkinson，2010），这说明，友谊对青少年适应的影响有其独特性。最后，同伴地位和友谊的功能，多数是基于横断研究获得的结果，缺乏纵向追踪研究设计结果的支持。

本书研究以初中生为被者试追踪四年，研究同伴地位、友谊的发展及其适应功能。

第二节 研究结果与讨论

一 同伴地位

（一）研究结果

根据同伴积极提名、消极提名和社会关注度（见绪论部分），区分出了个体在同伴中的四种地位——受欢迎型、退缩型、被拒绝型和友好型。上述四种类型被试者的人数及比例见表3—1。

表3—1　　　　　各年级同伴地位统计表（人数和百分比）

		受欢迎	退缩	被拒绝	友好
城市学校	初一	36（12.2%）	108（36.7%）	38（12.9%）	112（38.2%）
	初二	27（14.8%）	58（31.9%）	28（15.4%）	69（37.9%）
	初三	54（17.2%）	115（36.6%）	41（13.1%）	104（33.1%）
	初四	24（10.1%）	117（49.2%）	31（13.0%）	66（27.7%）
农村学校	初一	77（19.3%）	130（32.6%）	51（12.8%）	141（35.3%）
	初二	66（16.6%）	122（30.7%）	52（13.1%）	154（38.8%）
	初三	62（15.4%）	141（35.1%）	61（15.2%）	138（34.3%）
	初四	62（19.1%）	89（27.5%）	69（21.3%）	104（32.1%）

注：初二有3人不属于任何一种类型。

1. 同伴地位对社会适应的即时影响

（1）初一

初一年级四类同伴地位的社会适应描述统计见表3—2。以初一时同伴地位为自变量，以初一时社会适应为因变量，进行方差分析。

表3—2 初一年级四类同伴地位被试者社会适应的平均数（标准差）

	城市学校								
	社会能力（教师评价）	攻击行为	违纪/被排斥	焦虑退缩	亲社会行为	学业成就	社会能力（同伴评价）	抑郁	孤独
受欢迎	3.86 (0.68)	0.019 (0.019)	2.08 (0.26)	1.63 (0.53)	4.11 (0.77)	0.98 (0.58)	0.138 (0.115)	1.16 (0.56)	1.57 (0.64)
退缩	2.50 (0.60)	0.018 (0.014)	2.31 (0.58)	1.77 (0.62)	3.38 (0.84)	−0.28 (0.88)	0.007 (0.005)	1.30 (0.29)	1.85 (0.63)
被拒绝	2.53 (0.95)	0.12 (0.11)	2.68 (0.56)	1.82 (0.94)	3.20 (1.15)	−0.34 (1.10)	0.017 (0.018)	1.30 (0.33)	1.82 (0.68)
友好	3.26 (0.71)	0.006 (0.006)	2.11 (0.47)	1.74 (0.64)	3.96 (0.77)	0.14 (0.85)	0.018 (0.011)	1.28 (0.25)	1.78 (0.56)
	农村学校								
	社会能力（教师评价）	攻击行为	违纪/被排斥	焦虑退缩	亲社会行为	学业成就	社会能力（同伴评价）	抑郁	孤独
受欢迎	2.93 (0.88)	0.018 (0.018)	2.00 (0.40)	1.73 (0.50)	3.48 (0.94)	0.81 (0.37)	0.089 (0.072)	1.17 (0.24)	1.61 (0.5)
退缩	2.49 (0.83)	0.021 (0.015)	2.16 (0.47)	1.78 (0.62)	3.11 (0.94)	−0.42 (0.75)	0.008 (0.006)	1.22 (0.22)	1.84 (0.55)
被拒绝	2.57 (0.74)	0.13 (0.10)	2.19 (0.45)	1.72 (0.53)	3.19 (0.87)	−0.34 (0.87)	0.024 (0.025)	1.19 (0.22)	1.65 (0.45)
友好	2.63 (0.73)	0.006 (0.005)	2.02 (0.46)	1.86 (0.60)	3.25 (0.78)	0.11 (0.68)	0.017 (0.01)	1.20 (0.21)	1.77 (0.56)

方差分析结果显示，在城市学校，社会地位对初一学生社会能力（教师评价）的影响显著（$F_{(3,235)} = 36.25$，$p < 0.001$，$\eta^2 = 0.316$）。受欢迎型学生的社会能力显著高于退缩型、友好型及被拒绝型的学生（$p < 0.001$）；退缩型学生的社会能力显著低于友好型的学生（$p < 0.05$）；友好型学生的社会能力显著高于被拒绝型的学生（$p < 0.05$）。

社会地位对初一学生社会能力（同伴评价）影响显著（$F_{(3,255)} = 88.91$，$p < 0.001$，$\eta^2 = 0.511$）。受欢迎型学生的社会能力显著高于退缩型、友好型及被拒绝型的学生（$p < 0.001$）。

社会地位对初一学生亲社会行为影响显著（$F_{(3,235)} = 9.773$，$p < 0.001$，$\eta^2 = 0.111$）。受欢迎型及友好型学生的亲社会行为显著高于被拒绝型的学生（$p < 0.05$）。

社会地位对初一学业成就影响显著（$F_{(3,253)} = 19.54$，$p < 0.001$，$\eta^2 = 0.188$）。受欢迎型学生的学业成就显著高于退缩型、友好型及被拒绝型的学生（$p < 0.001$）。

社会地位对初一学生攻击行为影响显著（$F_{(3,255)} = 39.41$，$p < 0.001$，$\eta^2 = 0.317$）。受欢迎型、退缩型及友好型学生的攻击行为显著小于被拒绝型学生（$p < 0.001$）。

社会地位对初一学生违纪/被排斥影响显著（$F_{(3,235)} = 7.908$，$p < 0.001$，$\eta^2 = 0.09$），受欢迎型及友好型学生的违纪/被排斥显著低于被拒绝型的学生（$p < 0.001$）。

社会地位对初一学生焦虑退缩（$F_{(3,235)} = 0.395$，$p < 0.757$，$\eta^2 = 0.005$）、抑郁（$F_{(3,234)} = 1.789$，$p = 0.150$，$\eta^2 = 0.022$）、孤独（$F_{(3,234)} = 1.728$，$p = 0.162$，$\eta^2 = 0.022$）影响不显著。

在农村学校，社会地位对初一学生的社会能力（教师评价）影响显著（$F_{(3,371)} = 3.841$，$p < 0.05$，$\eta^2 = 0.03$），受欢迎型学生的社会能力显著高于退缩型及友好型的学生（$p < 0.05$）。

社会地位对初一学生社会能力（同伴评价）影响显著（$F_{(3,378)} = 86.05$，$p < 0.001$，$\eta^2 = 0.440$）。受欢迎型学生的社会能力显著高于退缩型、友好型及被拒绝型的学生（$p < 0.001$）；退缩型学生的社会能力显著低于被拒绝型的学生（$p < 0.05$）。

社会地位对初一学生的学业成就影响显著（$F_{(3,377)} = 45.522$，$p < 0.001$，$\eta^2 = 0.266$）。受欢迎型学生的学业成就显著高于退缩型、友好型及被拒绝型的学生（$p < 0.001$）；友好型学生的学业成就显著高于退缩型的学生（$p < 0.05$）。

社会地位对初一学生攻击行为影响显著（$F_{(3,378)} = 97.339$，$p < 0.001$，$\eta^2 = 0.436$）。受欢迎型、退缩型及友好型学生的攻击行为显著小于被拒绝型的攻击行为（$p < 0.001$）；退缩型学生的攻击行为显著高于友好型的学生（$p < 0.05$）。

社会地位对初一学生的违纪/被排斥（$F_{(3,371)} = 2.158$，$p > 0.05$，$\eta^2 = 0.017$）、焦虑退缩（$F_{(3,371)} = 1.835$，$p = 0.140$，$\eta^2 = 0.015$）、抑郁（$F_{(3,374)} = 0.808$，$p = 0.490$，$\eta^2 = 0.006$）影响不显著。

社会地位对初一学生孤独感影响显著（$F_{(3,374)} = 3.583$，$p < 0.05$，$\eta^2 = 0.028$）。受欢迎型学生孤独感显著低于退缩型的学生（$p < 0.05$）。

（2）初二

初二年级四类同伴社会适应的描述统计见表3—3。以同伴地位为自变量，以社会适应为因变量，进行方差分析。

方差分析结果显示，在城市学校，社会地位对初二学生社会能力（教师评价）影响显著（$F_{(3,105)} = 7.238$，$p < 0.001$，$\eta^2 = 0.171$）。受欢迎型学生的社会能力显著高于退缩型、友好型及被拒绝型的学生（$p < 0.001$）。

表 3—3　　　　初二年级各类型被试者社会适应的平均数（标准差）

	城市学校								
	社会能力（教师评价）	攻击行为	违纪/被排斥	焦虑退缩	亲社会行为	学业成就	社会能力（同伴评价）	抑郁	孤独
受欢迎	3.57（0.69）	0.01（0.02）	2.1（0.54）	1.69（0.5）	4.22（0.67）	1.06（0.47）	0.02（0.033）	1.50（0.51）	1.77（0.55）
退缩	2.61（0.76）	0.02（0.04）	2.37（0.71）	1.98（0.9）	3.23（0.91）	0.06（0.78）	0.012（0.017）	1.30（0.31）	1.88（0.82）
被拒绝	2.33（0.63）	0.02（0.02）	2.29（0.68）	2.16（0.92）	3.03（0.64）	−0.4（0.93）	0.02（0.043）	1.36（0.27）	1.82（0.80）
友好	2.71（0.78）	0.02（0.05）	2.75（0.63）	2.11（0.96）	3.21（0.96）	0.11（0.9）	0.013（0.013）	1.37（0.37）	1.73（0.58）
	农村学校								
	社会能力（教师评价）	攻击行为	违纪/被排斥	焦虑退缩	亲社会行为	学业成就	社会能力（同伴评价）	抑郁	孤独
受欢迎	3.45（0.76）	0.02（0.05）	2.01（0.42）	1.73（0.6）	3.75（0.69）	0.81（0.53）	0.027（0.041）	1.14（0.21）	1.65（0.50）
退缩	2.44（0.74）	0.03（0.05）	2.29（0.51）	1.89（0.68）	3.12（0.73）	−0.57（0.7）	0.02（0.025）	1.19（0.20）	1.82（0.53）
被拒绝	2.72（0.9）	0.03（0.06）	2.2（0.52）	1.91（0.67）	3.28（0.86）	−0.41（0.93）	0.027（0.036）	1.17（0.24）	1.70（0.60）
友好	2.84（0.69）	0.02（0.02）	2.53（0.5）	2.04（0.69）	3.35（0.72）	−0.02（0.71）	0.023（0.052）	1.19（0.22）	1.76（0.49）

社会地位对初二学生社会能力（同伴评价）影响不显著（$F_{(3,111)} = 0.634$，$p = 0.595$，$\eta^2 = 0.017$）。

社会地位对初二学生亲社会行为影响显著（$F_{(3,105)} = 6.171$，$p < 0.001$，$\eta^2 = 0.150$）。受欢迎型学生的亲社会行为显著高于退缩型及友好型的学生（$p < 0.001$）。

社会地位对初二学生学业成就影响显著（$F_{(3,110)} = 7.111$，$p < 0.001$，$\eta^2 = 0.162$）。受欢迎型学生的学业成就显著高于退缩型（$p < 0.001$）、友好型（$p < 0.001$）及被拒绝型的学生（$p < 0.01$）。

社会地位对初二学生攻击行为（$F_{(3,111)} = 0.058$，$p = 0.982$，$\eta^2 = 0.002$）、违纪/被排斥（$F_{(3,105)} = 1.059$，$p = 0.370$，$\eta^2 = 0.029$）、焦虑退缩（$F_{(3,105)} = 1.373$，$p = 0.255$，$\eta^2 = 0.038$）、抑郁（$F_{(3,79)} = 0.508$，$p = 0.678$，$\eta^2 = 0.019$）、孤独（$F_{(3,79)} = 0.295$，$p = 0.829$，$\eta^2 = 0.011$）影响不显著。

在农村学校，社会地位对初二学生社会能力（教师评价）影响显著（$F_{(3,359)} = 19.723$，$p < 0.001$，$\eta^2 = 0.145$）。受欢迎型学生的社会能力显著高于退缩型、友好型（$p < 0.001$）及被拒绝型（$p < 0.05$）的学生；退缩型学生的社会能力显著低于友好型（$p < 0.001$）及被拒绝型的学生（$p < 0.01$）。

社会地位对初二学生社会能力（同伴评价）影响不显著（$F_{(3,359)} = 0.936$，$p = 0.423$，$\eta^2 = 0.008$）。

社会地位对初二学生亲社会行为影响显著（$F_{(3,350)} = 7.164$，$p < 0.001$，$\eta^2 = 0.058$）。受欢迎型学生的亲社会行为显著高于退缩型（$p < 0.001$）及友好型（$p < 0.05$）的学生。

社会地位对初二学生学业成就影响显著（$F_{(3,359)} = 45.118$，$p < 0.001$，$\eta^2 = 0.274$）。受欢迎型学生的学业成就显著高于退缩型型、友好型及被拒绝型学生（$p < 0.001$）；退缩型学生的学业成就显著低于友好型的学生（$p < 0.001$）。

社会地位对初二攻击行为影响不显著（$F_{(3,359)} = 2.127$，$p = 0.096$，$\eta^2 = 0.017$）。

社会地位对初二学生违纪/被排斥影响显著（$F_{(3,350)} = 6.987$，$p < 0.001$，$\eta^2 = 0.057$）。受欢迎型学生的违纪/被排斥显著低于退缩型（$p < 0.05$）及被拒绝型的（$p < 0.001$）学生；友好型学生的

违纪/被排斥显著低于被拒绝型的学生（p < 0.01）。

社会地位对初二学生焦虑退缩影响显著（$F_{(3,350)} = 2.774$，$p < 0.01$，$\eta^2 = 0.023$）。受欢迎型学生的焦虑退缩显著低于退缩型学生（p < 0.05）。

社会地位对初二学生抑郁（$F_{(3,355)} = 0.369$，$p = 0.775$，$\eta^2 = 0.003$）、孤独（$F_{(3,353)} = 2.392$，$p = 0.068$，$\eta^2 = 0.020$）影响不显著。

（3）初三

初三年级四类同伴社会适应的描述统计见表3—4。以同伴地位为自变量，以社会适应为因变量，进行方差分析。

表3—4　　　初三年级各类型被试者社会适应的平均数（标准差）

	城市学校								
	社会能力（教师评价）	攻击行为	违纪/被排斥	焦虑退缩	亲社会行为	学业成就	社会能力（同伴评价）	抑郁	孤独
受欢迎	3.61 (0.81)	0.02 (0.02)	2.05 (0.39)	1.89 (0.57)	4.05 (0.75)	0.68 (1.01)	0.056 (0.062)	1.27 (0.31)	1.66 (0.69)
退缩	3.2 (0.87)	0.01 (0.01)	2.21 (0.34)	1.73 (0.56)	3.73 (0.9)	0.39 (0.88)	0.005 (0.004)	1.36 (0.36)	2.05 (0.84)
被拒绝	3.18 (0.84)	0.06 (0.06)	2.28 (0.37)	1.75 (0.46)	3.76 (0.82)	0.31 (0.91)	0.012 (0.007)	1.34 (0.3)	1.90 (0.66)
友好	3.41 (0.9)	0 (0)	2.11 (0.36)	1.84 (0.45)	3.99 (0.72)	0.02 (0.96)	0.012 (0.006)	1.25 (0.24)	1.79 (0.52)
	农村学校								
	社会能力（教师评价）	攻击行为	违纪/被排斥	焦虑退缩	亲社会行为	学业成就	社会能力（同伴评价）	抑郁	孤独
受欢迎	3.53 (0.61)	0.01 (0.01)	2.05 (0.38)	1.82 (0.54)	3.69 (0.61)	0.89 (0.58)	0.093 (0.094)	1.15 (0.20)	1.79 (0.50)
退缩	2.64 (0.65)	0.01 (0.01)	2.45 (0.52)	2.05 (0.65)	3.24 (0.65)	−0.42 (0.65)	0.007 (0.006)	1.20 (0.26)	1.78 (0.55)

续表

	农村学校								
	社会能力（教师评价）	攻击行为	违纪/被排斥	焦虑退缩	亲社会行为	学业成就	社会能力（同伴评价）	抑郁	孤独
被拒绝	2.72 (0.58)	0.10 (0.09)	2.61 (0.56)	1.99 (0.68)	3.27 (0.58)	-0.29 (0.87)	0.023 (0.024)	1.17 (0.22)	1.62 (0.59)
友好	2.95 (0.68)	0 (0)	2.21 (0.42)	1.79 (0.48)	3.59 (0.66)	0.18 (0.67)	0.015 (0.011)	1.19 (0.24)	1.72 (0.46)

方差分析结果显示，在城市学校，社会地位对初三学生社会能力（教师评价）影响不显著（$F_{(3,208)} = 1.758$，$p = 0.156$，$\eta^2 = 0.025$）。

社会地位对初三学生社会能力（同伴评价）影响显著（$F_{(3,310)} = 50.465$，$p < 0.001$，$\eta^2 = 0.358$）。受欢迎型学生的社会能力显著高于退缩型、被拒绝型及友好型的学生（$p < 0.001$）。

社会地位对初三学生亲社会行为影响不显著（$F_{(3,208)} = 1.177$，$p = 0.320$，$\eta^2 = 0.017$）。

社会地位对初三学生学业成就影响显著（$F_{(3,255)} = 13.241$，$p < 0.001$，$\eta^2 = 0.135$）。受欢迎型学生的学业成就显著高于退缩型、友好型及被拒绝型学生（$p < 0.001$）；友好型学生的学业成就显著高于退缩型（$p < 0.01$）及被拒绝型学生（$p < 0.05$）。

社会地位对初三学生攻击行为影响显著（$F_{(3,303)} = 140.747$，$p < 0.001$，$\eta^2 = 0.582$）。受欢迎型学生的攻击行为显著高于友好型学生（$p < 0.001$）；受欢迎型、退缩型及友好型学生的攻击行为显著低于被拒绝型的学生（$p < 0.001$）。

受欢迎型学生的攻击行为显著高于退缩型、友好型学生（$p < 0.001$）；受欢迎型及友好型学生的攻击行为显著低于被拒绝型学生（$p < 0.001$）。

社会地位对初三学生违纪/被排斥（$F_{(3,208)} = 1.638$，$p = 0.182$，$\eta^2 = 0.023$）、焦虑退缩（$F_{(3,208)} = 0.940$，$p = 0.422$，$\eta^2 = 0.013$）、抑郁（$F_{(3,247)} = 2.278$，$p = 0.080$，$\eta^2 = 0.027$）影响不显著。

社会地位对初三学生孤独感影响显著（$F_{(3,247)} = 3.450$，$p < 0.05$，$\eta^2 = 0.040$）。受欢迎型及被拒绝型学生的孤独感显著低于退缩型的学生（$p < 0.01$）。

在农村学校，社会地位对初三学生社会能力（教师评价）影响显著（$F_{(3,378)} = 21.627$，$p < 0.001$，$\eta^2 = 0.146$）。受欢迎型学生的社会能力显著高于退缩型、友好型及被拒绝型的学生（$p < 0.001$）；退缩型学生的社会能力显著低于被拒绝型的学生（$p < 0.001$）。

社会地位对初三学生社会能力（同伴评价）影响显著（$F_{(3,398)} = 78.369$，$p < 0.001$，$\eta^2 = 0.406$）。受欢迎型学生的社会能力显著高于退缩型、被拒绝型以及友好型的学生（$p < 0.001$）；被拒绝型学生的社会能力显著高于退缩型的学生（$p < 0.05$）。

社会地位对初三学生的亲社会行为影响显著（$F_{(3,378)} = 9.137$，$p < 0.001$，$\eta^2 = 0.068$）。受欢迎型学生的亲社会行为显著高于退缩型及被拒绝型学生（$p < 0.001$），友好型学生的亲社会行为显著高于退缩型的学生（$p < 0.001$）。

社会地位对初三学生学业成就影响显著（$F_{(3,382)} = 48.097$，$p < 0.001$，$\eta^2 = 0.274$）。受欢迎型学生的学业成就显著高于退缩型、友好型及被拒绝型学生（$p < 0.001$）；友好型学生的学业成就显著高于退缩型及被拒绝型学生（$p < 0.001$）。

社会地位对初三学生攻击行为影响显著（$F_{(3,394)} = 95.034$，$p < 0.001$，$\eta^2 = 0.420$），受欢迎型、退缩型及友好型学生的攻击行为显著低于被拒绝型的学生（$p < 0.01$）。

社会地位对初三学生违纪/被排斥影响显著（$F_{(3,378)} = 15.026$，$p < 0.001$，$\eta^2 = 0.107$）。受欢迎型学生的违纪/被排斥显著低于退

缩型及被拒绝型的学生（$p < 0.001$）；退缩型学生的违纪/被排斥显著高于友好型的学生（$p < 0.001$），但是显著低于被拒绝型的学生（$p < 0.05$）。

社会地位对初三学生的焦虑退缩影响显著（$F_{(3,378)} = 6.120$，$p < 0.001$，$\eta^2 = 0.046$）。受欢迎型学生的焦虑退缩显著低于退缩型（$p < 0.001$）及被拒绝型的学生（$p < 0.05$）；友好型学生的焦虑退缩显著低于退缩型（$p < 0.001$）及被拒绝型的学生（$p < 0.05$）。

社会地位对初三学生抑郁（$F_{(3,363)} = 0.246$，$p = 0.864$，$\eta^2 = 0.002$）、孤独（$F_{(3,363)} = 1.935$，$p = 0.124$，$\eta^2 = 0.016$）影响不显著。

（4）初四

初四年级四类同伴社会适应的描述统计见表 3—5。以同伴地位为自变量，以社会适应为因变量，进行方差分析。

表 3—5　　初四年级各类型被试者社会适应的平均数（标准差）

	城市学校								
	社会能力（教师评价）	攻击行为	违纪/被排斥	焦虑退缩	亲社会行为	学业成就	社会能力（同伴评价）	抑郁	孤独
受欢迎	3.83 (0.77)	0.01 (0.02)	2.16 (0.4)	1.73 (0.46)	4.25 (0.59)	1.08 (0.35)	0.115 (0.007)	1.23 (0.31)	1.76 (0.70)
退缩	3.03 (0.77)	0.01 (0.01)	2.38 (0.46)	1.73 (0.51)	3.57 (0.73)	-0.03 (0.84)	0.003 (0.003)	1.28 (0.30)	1.81 (0.61)
被拒绝	2.96 (0.67)	0.07 (0.09)	2.5 (0.54)	1.83 (0.61)	3.5 (0.72)	-0.12 (0.78)	0.011 (0.006)	1.33 (0.33)	1.96 (0.63)
友好	3.19 (0.73)	0 (0)	2.23 (0.39)	1.89 (0.70)	3.82 (0.59)	0.2 (1.14)	0.005 (0.004)	1.29 (0.29)	1.85 (0.66)

续表

	农村学校								
	社会能力（教师评价）	攻击行为	违纪/被排斥	焦虑退缩	亲社会行为	学业成就	社会能力（同伴评价）	抑郁	孤独
受欢迎	3.49 (0.72)	0.01 (0.02)	2.07 (0.39)	1.71 (0.48)	3.81 (0.69)	0.64 (0.65)	0.08 (0.005)	1.11 (0.17)	1.79 (0.59)
退缩	2.51 (0.57)	0.02 (0.02)	2.27 (0.46)	1.76 (0.57)	3.22 (0.85)	−0.32 (0.57)	0.011 (0.004)	1.19 (0.25)	1.78 (0.59)
被拒绝	2.69 (0.75)	0.07 (0.07)	2.39 (0.5)	1.67 (0.65)	3.28 (0.73)	−0.31 (0.72)	0.021 (0.004)	1.17 (0.26)	1.97 (0.66)
友好	2.85 (0.73)	0.01 (0.01)	2.08 (0.38)	1.74 (0.51)	3.43 (0.75)	0.03 (0.69)	0.02 (0.004)	1.16 (0.2)	1.78 (0.59)

方差分析结果显示，在城市学校，社会地位对初四学生社会能力（教师评价）影响显著（$F_{(3,197)} = 7.561$，$p < 0.001$，$\eta^2 = 0.103$）。受欢迎型学生的社会能力显著高于退缩型、友好型及被拒绝型的学生（$p < 0.001$）。

社会地位对初四学生社会能力（同伴评价）影响显著（$F_{(3,234)} = 69.282$，$p < 0.001$，$\eta^2 = 0.384$）。受欢迎型学生的社会能力显著高于退缩型、被拒绝型及友好型的学生（$p < 0.001$）。

社会地位对初四学生亲社会行为影响显著（$F_{(3,197)} = 7.358$，$p < 0.001$，$\eta^2 = 0.101$）。受欢迎型学生的亲社会行为显著高于退缩型、友好型（$p < 0.001$）及被拒绝型的学生（$p < 0.01$）。

社会地位对初四学生学业成就影响显著（$F_{(3,189)} = 9.421$，$p < 0.001$，$\eta^2 = 0.130$）。受欢迎型学生的学业成就显著高于退缩型、友好型及被拒绝型学生（$p < 0.001$）。

社会地位对初四学生攻击行为影响显著（$F_{(3,197)} = 23.332$，$p < 0.001$，$\eta^2 = 0.262$）。受欢迎型、退缩型及友好型学生的攻击行

为显著低于被拒绝型的学生（$p < 0.001$）。

社会地位对初四学生违纪/被排斥影响显著（$F_{(3,197)} = 3.255$，$p < 0.05$，$\eta^2 = 0.047$）。受欢迎型学生的违纪/被排斥显著低于退缩型（$p < 0.05$）及被拒绝型的学生（$p < 0.01$）；友好型学生的违纪/被排斥显著低于被拒绝型的学生（$p < 0.05$）。

社会地位对初四学生焦虑退缩（$F_{(3,197)} = 1.158$，$p = 0.327$，$\eta^2 = 0.017$）、抑郁（$F_{(3,192)} = 0.402$，$p = 0.752$，$\eta^2 = 0.006$）、孤独（$F_{(3,192)} = 0.450$，$p = 0.717$，$\eta^2 = 0.007$）影响不显著。

在农村学校，社会地位对初四学生社会能力（教师评价）影响显著（$F_{(3,277)} = 15.929$，$p < 0.001$，$\eta^2 = 0.147$）。受欢迎型学生的社会能力显著高于退缩型、友好型及被拒绝型的学生（$p < 0.001$），友好型学生的社会能力显著高于退缩型的学生（$p < 0.01$）。

社会地位对初四学生社会能力（同伴评价）影响显著（$F_{(3,320)} = 51.041$，$p < 0.001$，$\eta^2 = 0.443$）。受欢迎型学生的社会能力显著高于退缩型、被拒绝型以及友好型的学生（$p < 0.001$）；被拒绝型学生的社会能力显著高于退缩型的学生（$p < 0.05$）。

社会地位对初四学生亲社会行为影响显著（$F_{(3,277)} = 4.265$，$p < 0.01$，$\eta^2 = 0.044$）。受欢迎型学生的亲社会行为显著高于退缩型、被拒绝型（$p < 0.01$）及友好型的学生（$p < 0.05$）。

社会地位对初四学生学业成就影响显著（$F_{(3,273)} = 20.957$，$p < 0.001$，$\eta^2 = 0.187$）。受欢迎型学生的学业成就显著高于退缩型、友好型及被拒绝型的学生（$p < 0.001$）；退缩型学生的学习成绩显著低于友好型的学生（$p < 0.001$）。

社会地位对初四学生攻击行为影响显著（$F_{(3,279)} = 24.469$，$p < 0.001$，$\eta^2 = 0.208$）。受欢迎型、退缩型及友好型学生的攻击行为显著低于被拒绝型的学生（$p < 0.001$）。

社会地位对初四学生违纪/被排斥影响显著（$F_{(3,277)}=3.565$，$p<0.05$，$\eta^2=0.037$）。退缩型学生的违纪/被排斥显著高于友好型学生（$p<0.05$），但显著低于被拒绝型的学生（$p<0.01$）。

社会地位对初四学生焦虑退缩（$F_{(3,277)}=0.544$，$p=0.652$，$\eta^2=0.006$）、抑郁（$F_{(3,272)}=0.639$，$p=0.590$，$\eta^2=0.007$）、孤独（$F_{(3,272)}=1.605$，$p=0.188$，$\eta^2=0.017$）影响不显著。

2. 同伴地位的稳定性及其对社会适应的影响

同伴地位的稳定性是指同伴地位跨时间保持不变，如在初一时属于受欢迎型个体，在初二时仍为受欢迎型者，则属于同伴地位稳定性个体。这样就可以区分出时间间隔分别为一年、二年、三年的同伴地位稳定性的个体。在追踪的四年中，同伴地位保持不变的情况见表3—6。以城市学校受欢迎型被试者为例，说明稳定性情况。在初一时，受欢迎型被试者有36人，这36人在初二、初三和初四时，分别有16人、25人和20人仍为受欢迎型。

表3—6　　从初一到初四同伴地位保持不变的数量和百分比

		受欢迎	退缩	被拒绝	友好
城市学校	初一	36（12.2%）	108（36.7%）	38（12.9%）	112（38.2%）
	初二	16（5.4%）	33（11.2%）	13（4.4%）	37（12.6%）
	初三	25（8.5%）	57（19.4%）	49（16.7%）	58（19.7%）
	初四	20（6.8%）	55（18.7%）	13（4.4%）	36（12.2%）
农村学校	初一	77（19.3%）	130（32.6%）	51（12.8%）	141（35.3%）
	初二	49（12.3%）	75（18.8%）	35（8.8%）	91（22.8%）
	初三	40（10.0%）	74（18.5%）	32（8.0%）	78（19.5%）
	初四	34（8.5%）	35（8.8%）	19（4.8%）	51（12.8%）

注：初二至初四同伴地位保持不变百分比的计算以初一的总人数为基数。

（1）间隔一年的同伴地位稳定性及其对社会适应的影响

从初一至初二，同伴地位保持稳定不变被试者的社会适应情况见表3—7，以同伴地位四个类型为自变量，以初二时的社会适应作为因变量进行方差分析。

表3—7　　　初一到初二同伴地位稳定性被试者在初二时社会
适应变量的描述统计

	城市学校								
	社会能力（教师评价）	攻击行为	违纪/被排斥	焦虑退缩	亲社会行为	学业成就	社会能力（同伴评价）	抑郁	孤独
受欢迎	4.1 (0.61)	0.01 (0.02)	1.96 (0.30)	1.59 (0.44)	4.51 (0.39)	1.40 (0.20)	0.02 (0.04)	0.94 (0.74)	1.02 (0.95)
退缩	2.54 (0.79)	0.02 (0.04)	2.48 (0.70)	2.06 (0.83)	3.04 (0.96)	-0.04 (0.87)	0.01 (0.02)	0.90 (0.69)	1.22 (1.14)
被拒绝	2.48 (0.74)	0.01 (0.01)	2.84 (0.64)	2.19 (0.79)	3.15 (0.87)	-0.28 (0.91)	0.01 (0.01)	0.83 (0.71)	1.21 (1.19)
友好	2.82 (0.75)	0.02 (0.06)	2.16 (0.57)	2.20 (0.92)	3.30 (0.84)	0.23 (0.88)	0.02 (0.03)	1.03 (0.70)	1.34 (0.95)
	农村学校								
	社会能力（教师评价）	攻击行为	违纪/被排斥	焦虑退缩	亲社会行为	学业成就	社会能力（同伴评价）	抑郁	孤独
受欢迎	3.55 (0.64)	0.02 (0.05)	2.03 (0.43)	1.71 (0.58)	3.77 (0.65)	0.92 (0.35)	0.02 (0.04)	1.12 (0.27)	1.63 (0.52)
退缩	2.42 (0.74)	0.02 (0.05)	2.36 (0.53)	1.92 (0.73)	3.13 (0.76)	-0.73 (0.69)	0.02 (0.02)	1.11 (0.4)	1.66 (0.81)
被拒绝	2.54 (0.89)	0.02 (0.02)	2.56 (0.52)	1.76 (0.66)	3.25 (0.96)	-0.51 (0.93)	0.02 (0.03)	1.20 (0.26)	1.8 (0.66)
友好	2.73 (0.71)	0.02 (0.03)	2.11 (0.52)	2.07 (0.74)	3.32 (0.75)	0.09 (0.66)	0.03 (0.06)	1.18 (0.2)	1.75 (0.45)

在城市学校，从初一至初二，稳定的社会地位对初二学生社会能力（教师评价）影响显著（$F_{(3,95)} = 8.549$，$p < 0.001$，$\eta^2 = 0.213$）。稳定为受欢迎型的学生社会能力显著高于稳定为退缩型、友好型及被拒绝型的学生（$p < 0.001$）。

从初一至初二，稳定的社会地位对初二学生亲社会行为影响显著（$F_{(3,95)} = 5.497$，$p < 0.01$，$\eta^2 = 0.148$）。稳定为受欢迎型学生的亲社会行为显著高于稳定为退缩型、友好型及被拒绝型的学生（$p < 0.05$）。

从初一至初二，稳定的社会地位对初二学生学业成就影响显著（$F_{(3,95)} = 14.297$，$p < 0.001$，$\eta^2 = 0.311$）。稳定为受欢迎型的学生学业成就显著高于稳定为退缩型、友好型及被拒绝型的学生（$p < 0.001$）。

从初一至初二，稳定的社会地位对初二学生违纪/被排斥影响显著（$F_{(3,95)} = 2.901$，$p < 0.05$，$\eta^2 = 0.084$）。稳定为受欢迎型学生的违纪/被排斥行为显著低于稳定为被拒绝型的学生（$p = 0.071$）。

在农村学校，从初一至初二，稳定的社会地位对初二学生社会能力（教师评价）影响显著（$F_{(3,246)} = 19.619$，$p < 0.001$，$\eta^2 = 0.193$）。稳定为受欢迎型学生的社会能力显著高于稳定为退缩型、友好型及被拒绝型的学生（$p < 0.001$）。稳定为退缩型学生的社会能力显著低于稳定为友好型的学生（$p < 0.05$）。

从初一至初二，稳定的社会地位对初二学生亲社会行为影响显著（$F_{(3,246)} = 6.129$，$p < 0.001$，$\eta^2 = 0.070$）。稳定为受欢迎型学生的亲社会行为显著高于稳定为退缩型、友好型的学生（$p < 0.001$）。

从初一至初二，稳定的社会地位对初二学生学业成就影响显著（$F_{(3,246)} = 65.276$，$p < 0.001$，$\eta^2 = 0.443$）。稳定为受欢迎型学生的学业成就显著高于稳定为退缩型、友好型及被拒绝型的学生（$p < 0.001$），稳定为友好型学生的学业成就显著高于稳定为退缩型及被拒绝型的学生（$p < 0.001$）。

从初一至初二，稳定的社会地位对初二学生违纪/被排斥影响显著（$F_{(3,246)} = 6.959$，$p < 0.001$，$\eta^2 = 0.078$）。稳定为被拒绝型学生的违纪/被排斥分数显著高于稳定为受欢迎型、退缩型及友好型的学生的分数（$p < 0.001$）。

从初二至初三，同伴地位保持稳定不变学生的社会适应情况见表3—8，以同伴地位四个类型为自变量，以初三时的社会适应作为因变量进行方差分析。

表3—8 **初二至初三同伴地位保持不变被试者在初三时社会适应变量的描述统计**

	城市学校								
	社会能力（教师评价）	攻击行为	违纪/被排斥	焦虑退缩	亲社会行为	学业成就	社会能力（同伴评价）	抑郁	孤独
受欢迎	3.96 (0.63)	0.02 (0.02)	1.97 (0.28)	1.89 (0.35)	4.45 (0.47)	1.18 (0.63)	0.08 (0.07)	1.14 (0.37)	1.45 (0.57)
退缩	3.29 (1.00)	0.01 (0.01)	2.26 (0.32)	2.15 (0.38)	3.78 (0.92)	−0.44 (0.85)	0.01 (0.00)	0.92 (0.68)	1.27 (1.07)
被拒绝	2.90 (0.86)	0.11 (0.05)	2.44 (0.38)	1.76 (0.50)	3.44 (0.75)	−0.52 (0.92)	0.01 (0.01)	1.25 (0.53)	1.84 (0.90)
友好	3.43 (0.88)	0 (0)	2.10 (0.31)	1.91 (0.39)	3.96 (0.79)	0.01 (0.95)	0.01 (0.01)	1.08 (0.55)	1.49 (0.81)
	农村学校								
	社会能力（教师评价）	攻击行为	违纪/被排斥	焦虑退缩	亲社会行为	学业成就	社会能力（同伴评价）	抑郁	孤独
受欢迎	3.68 (0.6)	0.01 (0.01)	1.97 (0.27)	1.77 (0.49)	3.81 (0.61)	1.10 (0.36)	0.12 (0.11)	1.11 (0.23)	1.72 (0.51)
退缩	2.62 (0.63)	0.01 (0.01)	2.48 (0.54)	2.07 (0.68)	3.26 (0.68)	−0.58 (0.59)	0.01 (0.01)	1.12 (0.39)	1.73 (0.75)
被拒绝	2.76 (0.61)	0.12 (0.10)	2.72 (0.54)	2.05 (0.75)	3.3 (0.61)	−0.40 (0.88)	0.03 (0.03)	0.94 (0.50)	1.26 (0.75)
友好	2.93 (0.63)	0 (0)	2.2 (0.42)	1.80 (0.48)	3.58 (0.65)	0.13 (0.65)	0.01 (0.01)	1.16 (0.30)	1.68 (0.55)

在城市学校，从初二至初三，稳定的社会地位对初三学生社会能力（教师评价）影响显著（$F_{(3,91)} = 3.656$，$p < 0.05$，$\eta^2 = 0.052$）。稳定为受欢迎型学生的社会能力显著高于稳定为退缩型的学生（$p < 0.05$）。

初二至初三，稳定的社会地位对初三学生社会能力（同伴评价）影响显著（$F_{(3,91)} = 25.956$，$p < 0.001$，$\eta^2 = 0.461$）。稳定为受欢迎型学生的社会能力显著高于稳定为退缩型、友好型及被拒绝型的学生（$p < 0.001$）。

从初二至初三，稳定的社会地位对初三学生亲社会行为影响显著（$F_{(3,91)} = 3.953$，$p < 0.05$，$\eta^2 = 0.022$）。稳定为受欢迎型学生的亲社会行为显著高于稳定为退缩型的学生（$p < 0.01$）。

从初二至初三，稳定的社会地位对初三学生学业成就影响显著（$F_{(3,91)} = 15.171$，$p < 0.001$，$\eta^2 = 0.040$）。稳定为受欢迎型学生的学业成就显著高于稳定为退缩型、友好型及被拒绝型的学生。

从初二至初三，稳定的社会地位对初三学生攻击行为影响显著（$F_{(3,91)} = 82.215$，$p < 0.001$，$\eta^2 = 0.001$）。稳定为被拒绝型学生的攻击行为显著高于稳定为受欢迎型、退缩型及友好型的学生（$p < 0.001$）。

从初二至初三，稳定的社会地位对初三学生违纪/被排斥影响显著（$F_{(3,91)} = 2.798$，$p < 0.05$，$\eta^2 = 0.362$）。稳定为被拒绝型学生的违纪/被排斥显著高于稳定为退缩型的学生（$p < 0.05$）。

在农村学校，从初二至初三，稳定的社会地位对初三学生社会能力（教师评价）影响显著（$F_{(3,236)} = 21.969$，$p < 0.001$，$\eta^2 = 0.108$）。稳定为受欢迎型学生的社会能力显著高于稳定为退缩型、友好型及被拒绝型的学生（$p < 0.001$）；稳定为友好型学生的社会能力显著高于稳定为退缩型的学生。

初二至初三，稳定的社会地位对初三学生社会能力（同伴评价）影响显著（$F_{(3,236)} = 65.378$，$p < 0.001$，$\eta^2 = 0.454$）。稳定为受欢迎的学生社会能力显著高于稳定为退缩型、友好型及被拒绝型学生（$p < 0.001$）。

从初二至初三，稳定的社会地位对初三学生亲社会行为影响显著（$F_{(3,236)} = 6.610$，$p < 0.001$，$\eta^2 = 0.115$）。稳定为受欢迎型学生的亲社会行为显著高于稳定为退缩型及被拒绝型的学生（$p < 0.01$）。

从初二至初三，稳定的社会地位对初三学生学业成就影响显著（$F_{(3,236)} = 66.086$，$p < 0.001$，$\eta^2 = 0.333$）。稳定为受欢迎型学生的学业成就显著高于稳定为退缩型、友好型及被拒绝型学生（$p < 0.01$）；稳定为友好型学生的学业成就显著高于稳定为退缩型及被拒绝型学生（$p < 0.001$）。

从初二至初三，稳定的社会地位对初三学生同伴攻击影响显著（$F_{(3,236)} = 81.352$，$p < 0.001$，$\eta^2 = 0.730$）。稳定为拒绝型学生的同伴攻击显著高于稳定为受欢迎型、退缩型及友好型的学生（$p < 0.001$）。

从初二至初三，稳定的社会地位对初三学生违纪/被排斥影响显著（$F_{(3,236)} = 11.769$，$p < 0.001$，$\eta^2 = 0.084$）。稳定为受欢迎型学生的违纪/被排斥显著低于稳定为被拒绝型及退缩型的学生（$p < 0.001$）。

从初二至初三，稳定的社会地位对初三学生焦虑退缩影响显著（$F_{(3,236)} = 2.804$，$p < 0.05$，$\eta^2 = 0.009$）。稳定为友好型学生的焦虑退缩显著低于稳定为退缩型的学生（$p = 0.078$）。

初二至初三稳定的社会地位对初三学生抑郁影响显著（$F_{(3,236)} = 3.144$，$p < 0.05$，$\eta^2 = 0.038$）。

从初二至初三，稳定为友好型学生的抑郁显著高于稳定为被拒绝型的学生（$p < 0.05$）。

初二至初三，稳定的社会地位对初三学生孤独影响显著（$F_{(3,236)}=5.019$，$p<0.01$，$\eta^2=0.460$）。稳定为受欢迎型、友好型及退缩型学生的孤独感显著高于稳定为被拒绝型的学生（$p<0.05$）。

从初三至初四，同伴地位保持稳定不变学生的社会适应情况见表3—9，以同伴地位四个类型为自变量，以初四时的社会适应作为因变量进行方差分析。

表3—9   **初三至初四同伴地位保持不变被试者在初四时社会适应变量的描述统计**

	城市学校								
	社会能力（教师评价）	攻击行为	违纪/被排斥	焦虑退缩	亲社会行为	学业成就	社会能力（同伴评价）	抑郁	孤独
受欢迎	3.97 (0.81)	0.01 (0.02)	2.10 (0.34)	1.70 (0.48)	4.32 (0.59)	1.15 (0.24)	0.12 (0.11)	1.18 (0.40)	1.62 (0.77)
退缩	2.71 (0.56)	0.00 (0.01)	2.48 (0.42)	1.78 (0.52)	3.39 (0.58)	−0.33 (0.89)	0.00 (0.00)	1.06 (0.65)	1.47 (0.97)
被拒绝	3.13 (0.60)	0.10 (0.11)	2.43 (0.49)	1.53 (0.49)	3.64 (0.72)	0.00 (0.75)	0.01 (0.02)	1.21 (0.44)	1.76 (0.70)
友好	3.14 (0.76)	0.00 (0.00)	2.20 (0.38)	1.88 (0.62)	3.83 (0.67)	−0.01 (0.86)	0.00 (0.00)	1.12 (0.54)	1.61 (0.89)
	农村学校								
	社会能力（教师评价）	攻击行为	违纪/被排斥	焦虑退缩	亲社会行为	学业成就	社会能力（同伴评价）	抑郁	孤独
受欢迎	3.76 (0.58)	0.01 (0.01)	2.01 (0.27)	1.75 (0.47)	3.95 (0.75)	0.99 (0.3)	0.12 (0.09)	1.05 (0.24)	1.62 (0.60)
退缩	2.42 (0.52)	0.02 (0.02)	2.43 (0.43)	1.77 (0.54)	3.22 (0.9)	−0.56 (0.49)	0.01 (0.01)	1.07 (0.42)	1.58 (0.69)
被拒绝	2.86 (0.64)	0.10 (0.09)	2.36 (0.45)	1.68 (0.7)	3.44 (0.81)	−0.33 (0.69)	0.02 (0.02)	1.07 (0.40)	1.68 (0.84)
友好	2.92 (0.66)	0.01 (0)	2.08 (0.36)	1.75 (0.45)	3.48 (0.68)	0.07 (0.63)	0.02 (0.01)	1.15 (0.18)	1.71 (0.47)

在城市学校，从初三至初四，稳定的社会地位对初四学生社会能力（教师评价）影响显著（$F_{(3,118)} = 12.849$，$p < 0.001$，$\eta^2 = 0.001$）。稳定为受欢迎型学生的社会能力显著高于稳定为退缩型、友好型（$p < 0.001$）及被拒绝型的学生（$p < 0.05$）。

初三至初四，稳定的社会地位对初四学生社会能力（同伴评价）影响显著（$F_{(3,118)} = 36.892$，$p < 0.001$，$\eta^2 = 0.484$）。稳定为受欢迎型学生的社会能力显著高于稳定为退缩型、友好型及被拒绝型的学生（$p < 0.001$）。

从初三至初四，稳定的社会地位对初四学生亲社会行为影响显著（$F_{(3,118)} = 25.886$，$p < 0.001$，$\eta^2 = 0.016$）。稳定为受欢迎型学生的亲社会行为显著高于稳定为退缩型（$p < 0.001$）及友好型的学生（$p < 0.05$）。

从初三至初四，稳定的社会地位对初四学生学业成就影响显著（$F_{(3,118)} = 25.886$，$p < 0.001$，$\eta^2 = 0.053$）。稳定为受欢迎型学生的学业成就显著高于稳定为退缩型、友好型及被拒绝型的学生（$p < 0.001$）。

从初三至初四，稳定的社会地位对初四学生攻击行为影响显著（$F_{(3,118)} = 25.886$，$p < 0.001$，$\eta^2 = 0.017$）。稳定为被拒绝型学生的攻击行为显著高于稳定为友好型、退缩型及受欢迎型的学生（$p < 0.001$）。

在农村学校，从初三至初四，稳定的社会地位对初四学生社会能力（教师评价）影响显著（$F_{(3,143)} = 13.645$，$p < 0.001$，$\eta^2 = 0.241$）。从初三至初四，稳定为受欢迎型学生的社会能力显著高于稳定为退缩型、友好型及被拒绝型的学生（$p < 0.001$）。

初三至初四，稳定的社会地位对初四学生社会能力（同伴评价）影响显著（$F_{(3,143)} = 50.002$，$p < 0.001$，$\eta^2 = 0.512$）。稳定为受欢迎型学生的社会能力显著高于稳定为退缩型、友好型及被拒绝

型的学生（p < 0.001）。

从初三至初四，稳定的社会地位对初四学生亲社会行为影响显著（$F_{(3,143)} = 3.385$，$p < 0.01$，$\eta^2 = 0.144$）。稳定为受欢迎型学生的亲社会行为显著高于稳定为退缩型、友好型及被拒绝型的学生（p < 0.05）。

从初三至初四，稳定的社会地位对初四学生学业成就影响显著（$F_{(3,143)} = 29.975$，$p < 0.001$，$\eta^2 = 0.317$）。稳定为受欢迎型学生的学业成就显著高于稳定为退缩型、友好型及被拒绝型的学生（p < 0.001）；稳定为友好型学生的学业成就显著高于稳定为退缩型的学生（p < 0.05）。

从初三至初四，稳定的社会地位对初四学生攻击行为影响显著（$F_{(3,143)} = 28.511$，$p < 0.001$，$\eta^2 = 0.397$）。稳定为被拒绝型学生的攻击行为显著高于稳定为友好型、退缩型及受欢迎型的学生（p < 0.001）。

（2）间隔二年同伴地位稳定性及其对社会适应的影响

从初一至初三，同伴地位保持稳定不变学生的社会适应情况见表3—10，以同伴地位四个类型为自变量，以初三时的社会适应作为因变量进行方差分析。

表3—10　　从初一到初三同伴地位稳定不变被试者在
初三时社会适应变量的描述统计

	城市学校								
	社会能力（教师评价）	攻击行为	违纪/被排斥	焦虑退缩	亲社会行为	学业成就	社会能力（同伴评价）	抑郁	孤独
受欢迎	4.06 (0.53)	0.03 (0.03)	2.01 (0.29)	1.7 (0.39)	4.35 (0.59)	1.39 (0.25)	0.09 (0.08)	1.04 (0.49)	1.38 (0.82)
退缩	3.30 (0.85)	0.01 (0.01)	2.23 (0.35)	1.76 (0.57)	3.96 (0.8)	-0.54 (0.81)	0.006 (0.005)	1.08 (0.63)	1.61 (1.11)

续表

	城市学校								
	社会能力（教师评价）	攻击行为	违纪/被排斥	焦虑退缩	亲社会行为	学业成就	社会能力（同伴评价）	抑郁	孤独
被拒绝	3.19 (0.89)	0.09 (0.05)	2.39 (0.4)	1.79 (0.47)	3.63 (0.85)	-0.26 (1.04)	0.01 (0.01)	1.03 (0.57)	1.47 (0.90)
友好	3.50 (0.85)	0 (0)	2.09 (0.31)	1.89 (0.43)	4.08 (0.7)	0.11 (0.91)	0.09 (0.07)	1.2 (0.55)	1.73 (0.95)
	农村学校								
	社会能力（教师评价）	攻击行为	违纪/被排斥	焦虑退缩	亲社会行为	学业成就	社会能力（同伴评价）	抑郁	孤独
受欢迎	3.67 (0.61)	0.01 (0.01)	2.00 (0.35)	1.78 (0.47)	3.8 (0.55)	1.08 (0.43)	0.12 (0.11)	1.06 (0.27)	1.64 (0.55)
退缩	2.63 (0.69)	0.01 (0.01)	2.50 (0.56)	2.09 (0.69)	3.23 (0.68)	-0.66 (0.53)	0.01 (0.01)	1.08 (0.41)	1.62 (0.78)
被拒绝	2.84 (0.60)	0.14 (0.11)	2.70 (0.61)	1.91 (0.75)	3.38 (0.59)	-0.47 (0.84)	0.01 (0.01)	1.12 (0.30)	1.62 (0.53)
友好	2.91 (0.67)	0.00 (0.00)	2.20 (0.39)	1.79 (0.45)	3.59 (0.65)	0.15 (0.68)	0.03 (0.03)	0.93 (0.47)	1.27 (0.73)

在城市学校，初一至初三，稳定的社会地位对初三学生社会能力（同伴评价）影响显著（$F_{(3,153)} = 51.315$，$p < 0.001$，$\eta^2 = $ ）。稳定为受欢迎型学生的社会能力显著高于稳定为退缩型及被拒绝型的学生（$p < 0.001$）。

从初一至初三，稳定的社会地位对初三学生学业成就影响显著（$F_{(3,153)} = 31.502$，$p < 0.001$，$\eta^2 = 0.382$）。稳定为受欢迎型学生学业成就显著高于稳定为退缩型、友好型及被拒绝型学生（$p < 0.001$）；稳定为友好型学生学业成就显著高于稳定为退缩型的学生（$p < 0.001$）。

从初一至初三，稳定的社会地位对初三学生攻击行为影响显著

（$F_{(3,153)} = 83.655$，$p < 0.001$，$\eta^2 = 0.621$）。稳定为受欢迎型、退缩型及友好型学生的攻击行为显著低于稳定为被拒绝型的学生（$p < 0.001$），但是稳定为受欢迎型学生的攻击行为显著高于稳定为退缩型及友好型的学生（$p < 0.001$）。

从初一至初三，稳定的社会地位对初三学生违纪/被排斥影响显著（$F_{(3,153)} = 5.758$，$p < 0.001$，$\eta^2 = 0.101$）。稳定为友好型学生的违纪/被排斥显著低于稳定为退缩型及被拒绝型的学生（$p < 0.001$）。

在农村学校，从初一至初三，稳定的社会地位对初三学生社会能力（教师评价）影响显著（$F_{(3,220)} = 17.785$，$p < 0.001$，$\eta^2 = 0.195$）。稳定为受欢迎型学生社会能力显著高于稳定为退缩型、友好型及被拒绝型的学生（$p < 0.001$）。

初一至初三，稳定的社会地位对初三学生社会能力（同伴评价）影响显著（$F_{(3,220)} = 56.429$，$p < 0.001$，$\eta^2 = $）。稳定为受欢迎型学生的社会能力显著高于稳定为退缩型、友好型及被拒绝型的学生（$p < 0.001$）。

从初一至初三，稳定的社会地位对初三学生亲社会行为影响显著（$F_{(3,220)} = 6.447$，$p < 0.001$，$\eta^2 = 0.081$）。稳定为受欢迎型学生的亲社会行为显著高于稳定为退缩型及被拒绝型学生（$p < 0.05$）；稳定为退缩型学生的亲社会行为显著低于稳定为友好型的学生（$p < 0.05$）。

从初一至初三，稳定的社会地位对初三学生学业成就影响显著（$F_{(3,220)} = 73.088$，$p < 0.001$，$\eta^2 = 0.499$）。稳定为受欢迎型学生的学业成就显著高于稳定为退缩型、友好型及被拒绝型的学生（$p < 0.001$）；稳定为退缩型学生的学业成就显著低于稳定为友好型的学生（$p < 0.001$）。

从初一至初三，稳定的社会地位对初三学生攻击行为影响显著（$F_{(3,220)} = 82.756$，$p < 0.001$，$\eta^2 = 0.530$）。稳定为受欢迎型、退缩

型及友好型学生的攻击行为显著低于稳定为被拒绝型的学生（p <
0.001）。

从初一至初三，稳定的社会地位对初三学生违纪/被排斥影响
显著（$F_{(3,220)} = 5.604$，$p < 0.001$，$\eta^2 = 0.071$）。稳定为受欢迎型学
生的违纪/被排斥显著低于稳定为退缩型及被拒绝型的学生（p <
0.05）；稳定为友好型学生的违纪/被排斥显著低于稳定为被拒绝型
的学生（p < 0.05）。

从初二至初四，同伴地位保持稳定不变学生的社会适应情况见
表3—11，以同伴地位四个类型为自变量，以初四时的社会适应作
为因变量进行方差分析。

表3—11　　　　从初二至初四同伴地位保持不变被试者在
初四时社会适应变量的描述统计

	城市学校								
	社会能力（教师评价）	攻击行为	违纪/被排斥	焦虑退缩	亲社会行为	学业成就	社会能力（同伴评价）	抑郁	孤独
受欢迎	3.94 (0.82)	0.02 (0.03)	2.13 (0.38)	1.71 (0.42)	4.33 (0.59)	1.18 (0.23)	0.12 (0.10)	1.25 (0.30)	1.71 (0.62)
退缩	2.98 (0.82)	0.01 (0.01)	2.45 (0.41)	1.83 (0.56)	3.72 (0.62)	-0.18 (0.83)	0.00 (0.01)	1.12 (0.41)	1.57 (0.70)
被拒绝	2.75 (0.52)	0.08 (0.06)	2.42 (0.44)	1.69 (0.63)	3.34 (0.6)	-0.3 (0.36)	0.01 (0.01)	1.10 (0.41)	1.73 (0.77)
友好	3.38 (0.78)	0 (0)	2.19 (0.36)	2.02 (0.68)	3.91 (0.71)	0.17 (1.51)	0.00 (0.01)	1.09 (0.48)	1.47 (0.74)
	农村学校								
	社会能力（教师评价）	攻击行为	违纪/被排斥	焦虑退缩	亲社会行为	学业成就	社会能力（同伴评价）	抑郁	孤独
受欢迎	3.72 (0.56)	0.01 (0.01)	1.98 (0.28)	1.75 (0.51)	3.91 (0.75)	0.92 (0.35)	0.11 (0.09)	1.07 (0.23)	1.74 (0.63)
退缩	2.42 (0.57)	0.02 (0.02)	2.20 (0.40)	1.75 (0.53)	3.25 (0.94)	-0.46 (0.56)	0.01 (0.01)	0.97 (0.49)	1.53 (0.94)

| | 农村学校 | | | | | | 社会能力（同伴评价） | 抑郁 | 孤独 |
	社会能力（教师评价）	攻击行为	违纪/被排斥	焦虑退缩	亲社会行为	学业成就			
被拒绝	2.82 (0.79)	0.11 (0.09)	2.38 (0.49)	1.66 (0.67)	3.32 (0.89)	-0.36 (0.66)	0.02 (0.02)	1.12 (0.48)	1.74 (0.89)
友好	2.76 (0.73)	0.01 (0.01)	2.06 (0.37)	1.8 (0.56)	3.34 (0.75)	0.01 (0.61)			

在城市学校，从初二至初四，稳定的社会地位对初四学生社会能力（教师评价）影响显著（$F_{(3,69)} = 4.205$，$p < 0.01$，$\eta^2 = 0.064$）。稳定为受欢迎型学生的社会能力显著高于稳定为退缩型及被拒绝型的学生（$p < 0.05$）。

初二至初四，稳定的社会地位对初四学生社会能力（同伴评价）影响显著（$F_{(3,69)} = 25.341$，$p < 0.001$，$\eta^2 = 0.524$）。稳定为受欢迎型学生社会能力显著高于稳定为退缩型、友好型及被拒绝型的学生（$p < 0.001$）。

从初二至初四，稳定的社会地位对初四学生学业成就影响显著（$F_{(3,69)} = 6.105$，$p < 0.001$，$\eta^2 = 0.450$）。稳定为受欢迎型学生学业成就显著高于稳定为退缩型、友好型及被拒绝型学生（$p < 0.05$）。

从初二至初四，稳定的社会地位对初四学生攻击行为影响显著（$F_{(3,69)} = 24.253$，$p < 0.001$，$\eta^2 = 0.250$）。稳定为被拒绝学生的攻击行为显著高于稳定为受欢迎型、退缩型及友好型的学生（$p < 0.001$）。

在农村学校，从初二至初四，稳定的社会地位对初四学生社会能力（教师评价）影响显著（$F_{(3,146)} = 14.549$，$p < 0.001$，$\eta^2 = 0.202$）。稳定为受欢迎学生的社会能力显著高于稳定为退缩型、友好型及被拒绝型学生（$p < 0.001$）；稳定为友好型学生的社会能力显著高于稳定为退缩型的学生（$p < 0.05$）。

初二至初四，稳定的社会地位对初四学生社会能力（同伴评价）影响显著（$F_{(3,146)} = 44.032$，$p < 0.001$，$\eta^2 = 0.475$）。稳定为受欢迎型学生的社会能力显著高于稳定为退缩型、友好型及被拒绝型的学生（$p < 0.001$）。

从初二至初四，稳定的社会地位对初四学生亲社会行为影响显著（$F_{(3,146)} = 3.777$，$p < 0.05$，$\eta^2 = 0.116$）。稳定为受欢迎型学生的亲社会行为显著高于稳定为退缩型的学生（$p < 0.01$）。

从初二至初四，稳定的社会地位对初四学生学业成就影响显著（$F_{(3,136)} = 36.707$，$p < 0.001$，$\eta^2 = 0.234$）。稳定为受欢迎型学生学业成就显著高于稳定为退缩型、友好型及被拒绝型的学生（$p < 0.001$）；稳定为友好型学生的学业成就显著高于稳定为退缩型及被拒绝型的学生（$p < 0.05$）。

从初二至初四，稳定的社会地位对初四学生攻击行为影响显著（$F_{(3,146)} = 48.218$，$p < 0.001$，$\eta^2 = 0.494$）。稳定为被拒绝型学生的攻击行为显著高于稳定为受欢迎型、退缩型及友好型的学生（$p < 0.001$）。

（3）间隔三年同伴地位稳定性及其对社会适应的影响

从初一至初四，同伴地位保持稳定不变学生的社会适应情况见表3—12，以同伴地位四个类型为自变量，以初四时的社会适应作为因变量进行方差分析。

表3—12　　　从初一到初四同伴地位保持不变被试者在
初四时社会适应变量的描述统计

	城市学校								
	社会能力（教师评价）	攻击行为	违纪/被排斥	焦虑退缩	亲社会行为	学业成就	社会能力（同伴评价）	抑郁	孤独
受欢迎	4.12（0.73）	0.01（0.02）	2.14（0.35）	1.73（0.48）	4.32（0.61）	1.19（0.2）	0.13（0.12）	1.17（0.42）	1.54（0.73）

续表

	城市学校								
	社会能力（教师评价）	攻击行为	违纪/被排斥	焦虑退缩	亲社会行为	学业成就	社会能力（同伴评价）	抑郁	孤独
退缩	2.81 (0.67)	0.01 (0.01)	2.53 (0.43)	1.74 (0.50)	3.43 (0.73)	−0.35 (0.81)	0.00 (0.00)	1.13 (0.55)	1.61 (0.89)
被拒绝	3.11 (0.56)	0.12 (0.12)	2.45 (0.50)	1.71 (0.62)	3.42 (0.67)	0.11 (0.73)	0.02 (0.02)	1.24 (0.50)	1.89 (0.96)
友好	3.31 (0.72)	0.00 (0.00)	2.17 (0.37)	1.89 (0.60)	3.86 (0.67)	0.20 (1.24)	0.01 (0.01)	1.17 (0.53)	1.63 (0.80)
	农村学校								
	社会能力（教师评价）	攻击行为	违纪/被排斥	焦虑退缩	亲社会行为	学业成就	社会能力（同伴评价）	抑郁	孤独
受欢迎	3.71 (0.56)	0.01 (0.01)	1.96 (0.27)	1.72 (0.48)	3.92 (0.74)	0.91 (0.34)	0.11 (0.09)	1.06 (0.22)	1.70 (0.62)
退缩	2.35 (0.49)	0.02 (0.02)	2.28 (0.47)	1.72 (0.47)	3.10 (0.77)	−0.58 (0.56)	0.01 (0.01)	0.98 (0.44)	1.60 (0.91)
被拒绝	2.91 (0.78)	0.10 (0.07)	2.32 (0.43)	1.69 (0.74)	3.39 (0.79)	−0.34 (0.63)	0.02 (0.02)	1.15 (0.44)	1.74 (0.84)
友好	2.99 (0.76)	0.01 (0.01)	2.00 (0.31)	1.77 (0.55)	3.47 (0.77)	0.08 (0.67)	0.02 (0.01)	1.13 (0.25)	1.71 (0.58)

在城市学校，从初一至初四，稳定的社会地位对初四学生社会能力（教师评价）影响显著（$F_{(3,120)} = 14.645$，$p < 0.001$，$\eta^2 = 0.012$）。稳定为受欢迎型学生社会能力显著高于稳定为退缩型、友好型及被拒绝型的学生（$p < 0.001$）。

初一至初四，稳定的社会地位对初四学生社会能力（同伴评价）影响显著（$F_{(3,120)} = 42.467$，$p < 0.001$，$\eta^2 = 0.515$）。稳定为受欢迎型学生的社会能力显著高于稳定为退缩型、友好型及被拒绝

型的学生（p < 0.001）。

从初一至初四稳定的社会地位对初四学生亲社会行为影响显著（$F_{(3,120)}$ = 7.324，p < 0.001，η^2 = 0.083）。稳定为受欢迎型学生的亲社会行为显著高于稳定为退缩型及被拒绝型的学生（p < 0.01）。

从初一至初四，稳定的社会地位对初四学生学业成就影响显著（$F_{(3,120)}$ = 14.124，p < 0.001，η^2 = 0.013）。稳定为受欢迎型学生学业成就显著高于稳定为退缩型、友好型及被拒绝型的学生（p < 0.001）。

从初一至初四，稳定的社会地位对初四学生攻击行为影响显著（$F_{(3,120)}$ = 30.270，p < 0.001，η^2 = 0.431）。稳定为受欢迎型、退缩型及友好型学生的攻击行为显著低于稳定为被拒绝型的学生（p < 0.001）。

从初一至初四，稳定的社会地位对初四学生违纪/被排斥影响显著（$F_{(3,120)}$ = 3.625，p < 0.05，η^2 = 0.268）。稳定为友好型学生的违纪/被排斥显著低于稳定为退缩型的学生（p < 0.05）。

在农村学校，从初一至初四，稳定的社会地位对初四学生社会能力（教师评价）影响显著（$F_{(3,135)}$ = 16.137，p < 0.001，η^2 = 0.005）。稳定为受欢迎型学生社会能力显著高于稳定为退缩型、友好型及被拒绝型学生（p < 0.001）；稳定为友好型学生的社会能力显著高于稳定为退缩型的学生（p < 0.001）。

初一至初四，稳定的社会地位对初四学生社会能力（同伴评价）影响显著（$F_{(3,135)}$ = 37.425，p < 0.001，η^2 = 0.454）。稳定为受欢迎学生的社会能力显著高于稳定为退缩型、友好型及被拒绝型的学生（p < 0.001）。

从初一至初四，稳定的社会地位对初四学生亲社会行为影响显著（$F_{(3,135)}$ = 5.464，p < 0.001，η^2 = 0.031）。稳定为受欢迎学生的亲社会行为显著高于稳定为退缩型的学生（p < 0.001）。

从初一至初四，稳定的社会地位，对初四学生学业成就影响显著（$F_{(3,135)} = 38.624$，$p < 0.001$，$\eta^2 = 0.011$）。稳定为受欢迎型学生学业成就显著高于稳定为退缩型、友好型及被拒绝型的学生（$p < 0.001$）；稳定为友好型学生的学业成就显著高于稳定为退缩型学生（$p < 0.001$）。

从初一至初四，稳定的社会地位对初四学生攻击行为影响显著（$F_{(3,135)} = 55.496$，$p < 0.001$，$\eta^2 = 0.552$）。稳定为受欢迎型、退缩型及友好型学生的攻击行为显著低于稳定为被拒绝型的学生（$p < 0.001$）。

（二）讨论

对同一时间点数据和间隔时间点数据分析的结果显示，在社会意义积极的变量（社会能力、亲社会行为）上，受欢迎型被试者的分数高；在亲社会行为方面，被拒绝型被试者分数低；退缩型被试者的社会能力分数低。在社会意义消极的变量（攻击行为、违纪/被排斥）上，被拒绝型被试者的分数高，受欢迎型和友好型被试者分数低。

受欢迎型被试者的社会喜好（积极提名减消极提名）分数高于平均数，社会喜好分数高，说明被试者的积极提名多。被拒绝型被试者的社会喜好低于平均数，社会喜好分数低，说明被试者的消极提名多。所以，在具有积极意义的社会行为方面——社会能力和亲社会行为，受欢迎型被试者的分数高，在具有消极意义的社会行为方面——攻击行为、违纪/被排斥，被拒绝型被试者的分数高。

在应试教育背景下，学业成就作为父母、老师衡量学生重要甚至唯一的标准，导致青少年把学业成就作为自我评价和择友的重要指标，因此，学业成就优异的学生获得同伴的关注多、被同伴提名的次数多，即社会影响度高，具备了受同伴欢迎的一个特质。社会心理学的研究认为，社会认知中存在晕轮效应——人际相互作用过程中，由于对他人某一特征认知的偏差，导致对他人其他特征认识歪曲的现象。如认为帅哥不可能有犯罪前科，漂亮的孩子更聪明等。在极端重视学业成就的中国，在晕轮效应作用下，一个学业成就优异的个体，往往被赋予很多积极的特质，导致其社会喜好分数高。

观察学习理论认为，父母和老师对待学业成就优异个体的态度（赞誉、表扬），为其他同龄人树立了模仿的榜样，同龄人会在心理和行为两个层面向学业成就优异者靠拢。父母也鼓励自己的孩子与学业成就优异者交朋友。于是，学业成就优异者具有了较高的同伴地位，为了获得、维持较高的同伴地位，个体会投入较多的时间、精力在学习中，于是构成了同伴地位与学业成就间的良性循环。所以，同伴地位能预测学业成就。

皮亚杰认为，个体通过同化和顺应来处理主体与客体的相互作用，当个体的已有图式与经验不协调时，这种不协调促使个体顺应的产生，从而有助于个体认知的发展。与同伴交往、互动的过程，就是主体与客体相互作用的过程，主体通过同化（同伴传递来的信息与自我认知一致）或者顺应（同伴传递来的信息与自我认知不一致）来达到平衡状态。同龄人的关系是典型的平行关系，具有双权威的特点，因此，更容易产生冲突，这种冲突可能是行为层面的，也可能是认知层面。无论哪个层面的冲突，都会导致顺应的发生，都会对青少年认知发展起到促进作用。学习是以认知为核心的活动，因此，学业成就与同伴地位之间存在关联就不难理解了，可以解释这一结果：受欢迎型被试者的学业成就分数高，退缩型及被拒绝型被试者的学业成就分数低。

在情绪变量上，对同一时间点数据的分析显示，退缩型被试者的负面情绪——焦虑退缩、抑郁和孤独感偏高。依恋理论认为，当个体体验到重要他人对自己的支持时，个体会发挥自身潜能并体验到快乐。这种情感支持的人际关系，不仅存在于亲子之间，也存在于同龄人之间。同龄人之间来自朋友的支持，对个体情绪体验产生着影响。特别是处于青春期的初中生，需要建立同龄人之间的关系支持自己独立，青春期的孩子更看重朋友之间的关系。退缩型是指那些社会影响（积极提名和消极提名之和）和社会喜好（积极提名减消极提名）都低于平均数的被试者。社会影响分数低，说明被试者被提名的次数少，不被同伴注意，意味着退缩型被试者人际交往频率低。社会喜好分数低，说明被试者的积极提名少，即没有太多的积极行为和特质被同伴注意到。所以，获得同伴情感支持的可能性小。因此，退缩型被试者最大的特征是"形单影只"。缺少同龄人交往的经验，导致这类青少年的情绪困扰，表现出焦虑、抑郁和孤独的情绪。

但是，对间隔时间点数据分析显示，退缩型被试者的孤独和抑郁分数不是最低的。研究表明，退缩型儿童存在亚类型，不同种类退缩行为与后期问题行为的关系也不同（郑淑杰，2012）。跨时间表现为退缩的，应该是典型的退缩型被试者。阿森多夫（Asendorpf，1990）从交往动机的角度区分了三种退缩行为，其中一类是人际交往动机低的儿童。他们对人不感兴趣、对物感兴趣，不喜欢与人交往，但避免与人交往的动机不一定低。这类儿童在摆弄物品过程中感到快乐和满足，所以，他们没有情绪的困扰。还有研究认为，早期的退缩行为在后期并非一定表现出情绪问题（Rubin，1996；Kohlberg，1972；Robins，1966）。

二　友谊类型

（一）友谊类型数量

1. 结果

友谊质量包括两个维度，即"朋友亲和"和"朋友冲突"，描述统计见表3—13。使用 HLM 来分析友谊质量的发展趋势，方程模型见绪论部分。

表3—13 　　　　　　　　　　朋友关系的描述统计

		朋友冲突		朋友亲和	
		M（SD）	N	M（SD）	N
城市	初一	1.81（0.70）	259	4.24（0.72）	259
	初二	1.94（0.80）	216	4.20（0.73）	216
	初三	2.01（0.66）	257	4.13（0.68）	257
	初四	1.99（0.74）	214	4.22（0.63）	214
农村	初一	1.96（0.68）	392	4.20（0.64）	392
	初二	2.02（0.66）	381	4.22（0.57）	381
	初三	2.04（0.60）	369	4.20（0.56）	369
	初四	1.96（0.63）	310	4.22（0.57）	310

在城市学校，初中生朋友亲和在初一时平均得分为4.2387，随着年级的增长，朋友亲和的下降速率为0.0119。初一时朋友亲和在初中生个体间的差异显著（t＝99.690），朋友亲和的下降速度在初中生个体间的差异不显著（t＝－0.706）。性别对初中生朋友亲和的下降无显著影响（t＝－0.759）。

在农村学校，初中生朋友亲和在初一平均得分为4.2154，随着年级的增长，朋友亲和的增长速率为0.0003。初中生朋友亲和在初中生个体间的差异较明显（t＝142.549），朋友亲和的增长速率（t＝0.022）差异不显著。性别对朋友亲和的增长无显著影响（t＝0.646）。

在城市学校，初中生朋友冲突在初一时平均得分为1.8027，随着年级的增长，朋友冲突的增长速率为0.0764。初一时朋友冲突（t＝42.658）及朋友冲突的下降速率（t＝3.598）在初中生个体间的差异显著。性别对初中生朋友冲突的下降有显著影响（t＝－2.006）。

在农村学校，初中生朋友冲突在初一时平均得分为1.9608，随着年级的增长，朋友冲突的增长速率为0.0187。初中生朋友冲突的增长速度在初中生个体间的差异不显著（t＝0.215），性别对初中生朋友冲突的下降无显著影响（t = 1.661）。

根据同伴提名，区分了四种友谊类型（见绪论部分），四种类型友谊的统计结果见表3—14。在农村学校中，初一、初二和初三时都是双向友谊的人数最多，其次是他人提名单向友谊，再次是自己提名单向友谊，无友谊的人数最少；初四时，他人提名单向友谊的人数最多，其次是双向友谊的人数，再次是自己提名单向友谊人数，无友谊人数最少。在城市学校中，初三、初四时，他人提名单向友谊的人数最多，其次是双向友谊的人数，再次是自己提名单向友谊，无友谊人数最少。

表3—14 四种友谊人数的比例（%）

	城市学校				农村学校			
	双向友谊	他人提名单向友谊	自己提名单向友谊	无友谊	双向友谊	他人提名单向友谊	自己提名单向友谊	无友谊
初一	64	28	7	2	71	25	4	1
初二	61	27	6	6	70	21	8	3
初三	35	50	9	7	59	28	8	5
初四	10	82	6	1	3	91	3	2

2. 讨论

总体来看，没有朋友的个体在各个年级所占比例都是比较少的，初一到初三都是双向友谊的比例最高。这一结果与青春期青少年心理特点相吻合，青春期的孩子需要独立、自主，这种对成人感需求的满足是以对父母依赖减弱，跟同龄人建立密切关系为标志的。青春期孩子有了自己特有的烦恼，他们认为同伴比父母更能理解自己，与同伴交往的时间增多，于是形成了二元的友谊关系。

但是，在初四时，双向友谊突然降低，他人提名单向友谊所占比例最高。双向友谊迅速减少，可以从两个方面来理解。首先，从研究方法来看，提名是在班级内进行的，但是，到了初四，为了更好地应对升学考试，学校通常会进行"调班"，本书研究所选取的学校就存在在初四调班的现象。这导致之前的朋友双方可能不在一个班级，朋友不在提名的范围。其次，随着年龄的增长，初中生的价值观、兴趣、学业水平、需要都在发生着变化，以前"志同道合"的朋友，可能不再是最契合的朋友，于是开始寻找新的朋友，从而导致初四时双向朋友数量的降低。

（二）友谊类型与性别

1. 结果

表3—15显示的是各年级四类友谊人数及性别比率差异检验，只有在城市学校初一时，双向友谊人数存在性别差异，女生人数显著多于男生人数，其他年级都不存在性别差异。

表3—15　　　　　　　　　**四类友谊的人数及性别分布情况**

		城市学校			农村学校			
		男	女	χ^2 （df = 1）		男	女	χ^2 （df = 1）
初一	双向友谊	72	98	6.67**	双向友谊	141	131	1.04
	他人提名单向友谊	47	26	1.92	他人提名单向友谊	52	41	0.05
	自己提名单向友谊	11	7	0.06	自己提名单向友谊	12	3	0.09
	无友谊	3	2	0.00	无友谊	1	2	0.00
初二	双向友谊	40	33	0.89	双向友谊	130	126	2.63
	他人提名单向友谊	13	19	0.42	他人提名单向友谊	48	29	0.51
	自己提名单向友谊	3	4	0.01	自己提名单向友谊	17	10	0.06
	无友谊	4	3	0.01	无友谊	4	4	0.00

续表

		城市学校				农村学校		
		男	女	χ^2 (df = 1)		男	女	χ^2 (df = 1)
初三	双向友谊	43	63	2.11	双向友谊	119	121	0.02
	他人提名单向友谊	81	70	0.58	他人提名单向友谊	64	48	0.02
	自己提名单向友谊	20	6	0.38	自己提名单向友谊	27	6	0.41
	无友谊	10	11	0.02	无友谊	12	10	0.00
初四	双向友谊	8	13	0.14	双向友谊	4	6	0.02
	他人提名单向友谊	84	84	0.16	他人提名单向友谊	138	124	0.63
	自己提名单向友谊	9	3	0.11	自己提名单向友谊	9	1	0.05
	无友谊	2	1	0.004	无友谊	4	3	0.00

2. 讨论

总体来看，不同性别友谊类型的人数不存在显著的差异。处于青春期的初中生，不论男生还是女孩，都需要摆脱对父母的依赖，与同龄人建立友谊，形成平等的人际关系，完成自己从儿童到成人的过渡任务。尽管不同性别之间在行为和特质上存在一些差异，但是，人际间相似性吸引的原则并不妨碍他们找到同性的朋友。

（三）友谊类型与团体

1. 结果

（1）友谊类型与隶属团体

表3—16显示了双向友谊的人数，以及双向友谊的个体是否隶属于同一团体。从表3—16可见，88%以上的双向友谊都在同一团体内。

表3—16 双向友谊与同一团体的关联

年级	城市学校			农村学校		
	双向友谊人数	在同一团体人数	比率（%）	双向友谊人数	在同一团体人数	比率（%）
初一	173	168	97	276	269	97
初二	69	65	94	257	239	93
初三	106	100	94	240	210	88
初四	21	19	90	12	12	100

（2）友谊类型与团体成员的关联

为考察友谊类型是否与加入团体存在关联（统计结果见表3—17），我们进行了卡方检验。检验结果显示，农村学校初一至初三，中学生双向友谊在是否团体成员分类上差异均显著（$\chi^2 = 4.70$，$p < 0.05$；$\chi^2 = 7.22$，$p < 0.01$；$\chi^2 = 6.38$，$p < 0.05$），团体成员具有的双向友谊显著多于非团体成员。农村学校初四年级，他人提名单向友谊在是否团体成员分类上差异显著（$\chi^2 = 81.85$，$p < 0.01$），团体成员具有的他人提名单向友谊显著多于非团体成员。

城市学校初三学生他人提名单向友谊及自己提名单向友谊在是否团体成员分类上差异显著（$\chi^2 = 5.45$，$p < 0.05$；$\chi^2 = 3.99$，$p < 0.05$），团体成员具有他人提名单向友谊的人数显著多于非团体成员，非团体成员具有自己提名单向友谊的人数显著多于团体成员。初四年级，他人提名单向友谊在是否团体成员分类上差异显著（$\chi^2 = 46.68$，$p < 0.01$），团体成员具有他人提名单向友谊的人数显著多于非团体成员。

表3—17　　　　　　　　　　友谊类型与加入团体的关联

初一	城市学校			农村学校		
	非团体成员 n（%）	团体成员 n（%）	χ^2（df = 1）	非团体成员 n（%）	团体成员 n（%）	χ^2（df = 1）
双向友谊	5（8.6%）	166（60.8%）	3.23	7（30.4%）	268（69.1）	4.70 *
他人提名单向友谊	9（15.5%）	81（29.7%）	0.81	3（13.0）	101（26.0）	0.26
自己提名单向友谊	3（5.2%）	16（5.9%）	0.00	0（0）	15（3.9）	
无友谊	9（15.5%）	10（3.7%）	0.78	2（8.7）	3（0.8）	0.20
初二	非团体成员	团体成员	χ^2（df = 1）	非团体成员	团体成员	χ^2（df = 1）
双向友谊	5（10.4）	69（45.4）	2.33	18（36.0）	239（67.3）	7.22 **
他人提名单向友谊	8（16.7）	65（42.8）	2.02	9（18.0）	85（23.9）	0.16
自己提名单向友谊	4（8.3）	3（2.0）	0.13	6（12.0）	21（5.9）	0.26
无友谊	20（41.7）	15（9.9）	4.29 *	10（20.0）	10（2.8）	1.46
初三	非团体成员	团体成员	χ^2（df = 1）	非团体成员	团体成员	χ^2（df = 1）
双向友谊	6（8.5）	100（38.8）	2.23	30（39.5）	210（63.6）	6.38 *
他人提名单向友谊	17（23.9）	139（53.9）	5.45 *	21（27.6）	91（27.6）	0.00
自己提名单向友谊	25（35.2）	12（4.7）	3.99 *	14（18.4）	19（5.8）	1.29
无友谊	23（32.4））	7（2.7）	2.49	11（14.5）	9（2.7）	0.83
初四	非团体成员	团体成员	χ^2（df = 1）	非团体成员	团体成员	χ^2（df = 1）
双向友谊	2（1.5）	19（9.5）	0.14	0（0）	12（4.3）	
他人提名单向友谊	34（26.3）	166（83.1）	46.68 **	41（30.8）	250（89.9）	81.85 **
自己提名单向友谊	42（31.6）	11（5.5）	3.07	36（27.1）	8（2.9）	2.18
无友谊	54（40.6）	3（1.5）	1.83	56（42.1）	7（2.5）	4.15 *

（3）友谊类型与团体类别的关联

为考察友谊类型与团体类别（性别构成特点）之间的关联（见表3—18），我们进行卡方检验发现，在城市和农村学校中，初一至初四年级友谊类型在男性团体、女性团体及混合团体中的差异均不显著。

表3—18 友谊类型与团体类别的关联

初一	城市学校				农村学校			
	男性团体	女性团体	混合团体	χ^2 (df=2)	男性团体	女性团体	混合团体	χ^2 (df=2)
双向友谊	63 (52.5)	68 (72.3)	33 (57.9)	5.70	123 (69.1)	117 (71.8)	28 (58.3)	1.93
他人提名单向友谊	41 (34.2)	20 (21.3)	20 (35.1)	1.23	47 (26.4)	40 (24.5)	15 (31.3)	0.26
自己提名单向友谊	9 (7.5)	5 (5.3)	2 (3.5)	0.06	8 (4.5)	3 (1.8)	4 (8.3)	0.16
无友谊	7 (5.8)	1 (1.1)	2 (3.5)	0.05	0	2 (1.2)	1 (2.1)	
初二	男性团体	女性团体	混合团体	χ^2 (df=2)	男性团体	女性团体	混合团体	χ^2 (df=2)
双向友谊	6 (30.0)	22 (44.0)	41 (50.6)	0.99	113 (66.5)	81 (71.7)	43 (64.2)	0.91
他人提名单向友谊	9 (45.0)	19 (38.0)	36 (44.4)	0.23	37 (21.8)	23 (20.4)	22 (32.8)	1.18
自己提名单向友谊	0 (0)	2 (4.0)	1 (1.2)		14 (8.2)	5 (4.4)	2 (3.0)	0.13
无友谊	5 (25.0))	7 (14.0))	3 (3.7)	0.67	6 (3.5)	4 (3.5)	0 (0)	
初三	男性团体	女性团体	混合团体	χ^2 (df=2)	男性团体	女性团体	混合团体	χ^2 (df=2)
双向友谊	26 (28.6)	42 (46.7)	32 (42.1)	2.23	80 (58.4)	79 (68.1)	46 (68.7)	2.10
他人提名单向友谊	55 (60.4)	44 (48.9)	39 (51.3)	1.48	39 (28.5)	34 (29.3)	15 (22.4)	0.27
自己提名单向友谊	7 (7.7)	1 (1.1)	4 (5.3)	0.08	12 (8.8)	3 (2.6)	3 (4.5)	0.18
无友谊	3 (3.3)	3 (3.3)	1 (1.3)	0.01	5 (3.6)	0	3 (4.5)	0.00

初四	城市学校				农村学校			
	男性团体	女性团体	混合团体	χ^2 (df = 2)	男性团体	女性团体	混合团体	χ^2 (df = 2)
双向友谊	4 (7.8)	1 (2.9)	13 (11.7)	0.11	4 (4.1)	4 (4.3)	4 (5.6)	0.01
他人提名单向友谊	41 (80.4)	33 (94.3)	90 (82.0)	3.28	88 (89.8)	85 (92.4)	62 (87.3)	1.06
自己提名单向友谊	3 (5.9)	1 (2.9)	6 (5.4)	0.01	3 (3.1)	1 (1.1)	3 (4.2)	0.02
无友谊	2 (3.9)	0	1 (0.9)		3 (3.1)	1 (1.1)	2 (2.8)	0.01

（4）友谊类型与团体属性的关联

为考察友谊类型与团体属性之间的关联（见表 3—19），我们进行卡方检验发现，两所学校中，初一至初四年级四类友谊关系在核心团体、次级团体及边缘团体中的差异均不显著。

表 3—19　　　　　　　三类友谊与团体属性的关联

初一	城市学校				农村学校			
	核心团体	次级团体	边缘团体	χ^2 (df = 2)	核心团体	次级团体	边缘团体	χ^2 (df = 2)
双向友谊	46 (78.0)	91 (55.5)	28 (57.1)	7.26 *	57 (77.0)	145 (70.7)	66 (60.0)	4.41
他人提名单向友谊	12 (20.3)	50 (30.5)	19 (38.8)	1.19	14 (18.9)	53 (25.9)	35 (31.8)	1.01
自己提名单向友谊	0	16 (9.8)	0		2 (2.7)	7 (3.4)	6 (5.5)	0.05
无友谊	1 (1.7)	7 (4.3)	2 (4.1)	0.02	1 (1.4)	0	2 (1.8)	

续表

初二	城市学校				农村学校			
	核心团体	次级团体	边缘团体	χ^2 (df = 2)	核心团体	次级团体	边缘团体	χ^2 (df = 2)
双向友谊	33 (56.9)	28 (42.4)	8 (29.6)	2.48	37 (69.8)	57 (69.5)	143 (66.5)	0.25
他人提名单向友谊	22 (37.9)	30 (45.5)	12 (44.4)	0.32	13 (24.5)	19 (23.2)	50 (23.3)	0.01
自己提名单向友谊	1 (1.7)	1 (1.5)	1 (3.7)	0.01	2 (3.8)	3 (3.7)	16 (7.4)	0.08
无友谊	2 (3.4)	7 (10.6)	6 (22.2)	0.58	1 (1.9)	3 (3.7)	6 (2.8)	0.01
初三	核心团体	次级团体	边缘团体	χ^2 (df = 2)	核心团体	次级团体	边缘团体	χ^2 (df = 2)
双向友谊	44 (47.3)	36 (29.5)	20 (47.6)	3.05	29 (50.0)	67 (63.2)	109 (69.9)	4.11
他人提名单向友谊	44 (47.3)	77 (63.1)	17 (40.5)	4.54	23 (39.7)	23 (21.7)	42 (26.9)	1.97
自己提名单向友谊	3 (3.2)	5 (4.1)	4 (9.5)	0.17	5 (8.6)	10 (9.4)	3 (1.9)	0.18
无友谊	2 (2.2)	4 (3.3)	1 (2.4)	0.01	1 (1.7)	6 (5.7)	1 (0.6)	0.07
初四	核心团体	次级团体	边缘团体	χ^2 (df = 2)	核心团体	次级团体	边缘团体	χ^2 (df = 2)
双向友谊	9 (11.1)	9 (10.8)	0	0.00	2 (10.0)	4 (3.8)	6 (4.4)	0.12
他人提名单向友谊	64 (79.0)	70 (84.3)	31 (93.9)	3.46	18 (90.0)	93 (88.6)	124 (91.2)	0.40
自己提名单向友谊	1 (6.2)	4 (4.8)	1 (3.0)	0.01	0	2 (1.9)	2 (1.5)	0.00
无友谊	1 (2.5)	0	1 (3.0)	0.00	0	5 (4.8)	4 (2.9)	0.00

（5）友谊类型与个体在团体中地位的关联

表3—20呈现了友谊类型与个体在团体中地位的关联情况，统计检验显示，城市学校初一年级双向友谊在个体属性中的差异均显著，核心成员的双向友谊人数显著多于次级人员、边缘人员，其他友谊分类未见差异。

2. 讨论

结果显示，88%以上的双向友谊者都在同一团体内；在农村学校，初一至初三时，团体成员具有的双向友谊人数显著多于非团体

表3—20　　　　　　　　友谊类型与个体在团体中地位关联

初一	城市学校				农村学校			
	核心人员	次级人员	边缘人员	χ^2 (df=2)	核心人员	次级人员	边缘人员	χ^2 (df=2)
双向友谊	90 (70.9)	55 (55.0)	19 (43.2)	7.04*	133 (71.9)	105 (69.1)	30 (57.7)	2.32
他人提名单向友谊	31 (24.4)	29 (29.0)	21 (47.7)	3.32	47 (25.4)	38 (25)	17 (32.7)	0.41
自己提名单向友谊	4 (3.1)	10 (10.0)	2 (4.5)	0.23	4 (2.2)	8 (5.3)	3 (5.8)	0.07
无友谊	2 (1.6)	6 (6.0)	2 (4.5)	0.06	0	1 (0.7)	2 (3.8)	
初二	核心人员	次级人员	边缘人员	χ^2 (df=2)	核心人员	次级人员	边缘人员	χ^2 (df=2)
双向友谊	40 (51.3)	21 (45.7)	8 (29.6)	1.28	115 (73.7)	76 (62.8)	46 (63.0)	3.19
他人提名单向友谊	30 (38.5)	20 (43.5)	14 (51.9)	0.70	33 (21.2)	30 (24.8)	19 (26.0)	0.19
自己提名单向友谊	2 (2.6)	0	1 (3.7)	7 (4.5)	8 (6.6)	6 (8.2)		0.08
无友谊	6 (7.7)	5 (10.9)	4 (14.8)	0.13	1 (0.6)	7 (5.8)	2 (2.7)	0.07

续表

初三	城市学校				农村学校			
	核心人员	次级人员	边缘人员	χ^2 (df=2)	核心人员	次级人员	边缘人员	χ^2 (df=2)
双向友谊	52 (41.3)	35 (41.2)	13 (28.3)	0.79	109 (70.3)	65 (62.5)	31 (50.8)	4.26
他人提名单向友谊	70 (55.6)	41 (48.2)	27 (58.7)	0.87	40 (25.8)	30 (28.8)	18 (29.5)	0.12
自己提名单向友谊	2 (1.6)	6 (7.1)	4 (8.7)	0.11	3 (1.9)	6 (5.8)	9 (14.8)	0.58
无友谊	2 (1.6)	3 (3.5)	2 (4.3)	0.03	2 (1.3)	3 (2.9)	3 (4.9)	
初四	核心人员	次级人员	边缘人员	χ^2 (df=2)	核心人员	次级人员	边缘人员	χ^2 (df=2)
双向友谊	9 (10.8)	6 (8.7)	3 (6.7)	0.05	4 (3.0)	5 (6.1)	3 (6.5)	0.06
他人提名单向友谊	71 (85.5)	62 (89.9)	32 (71.1)	5.78	124 (93.2)	73 (89.0)	38 (82.6)	3.86
自己提名单向友谊	3 (3.6)	0	7 (15.6)	0.29	1 (0.8)	3 (3.7)	3 (6.5)	0.06
无友谊	0	1 (1.4)	2 (4.4)	0.02	4 (3.0)	1 (1.2)	1 (2.2)	0.01

成员人数。双向友谊是四类友谊类型中最理想的人际关系，交往双方互认为朋友。这种双向友谊者之间互动频繁，和谐、默契程度高。同伴团体是通过同伴提名方法获得的，是通过对多人之间交往频率来确定的。所以，绝大多数双向友谊者都在同一团体内。

他人提名单项友谊者是指那些被他人提名为朋友的个体，这些人之所以被他人提名，是因为这些人具有他人喜欢的行为表现或者特质，有人愿意与之为伍、成为朋友。所以，客观上，他人提名单向友谊者的同伴互动频率不是很低，至少给人的感觉不是"形单影只"。所以，团体成员具有的他人提名单向友谊人数显著多于非团体成员人数（农村学校的初一至初三；城市学校初三、初四）。自己提名单向友谊者是指那些自己认为有朋友而没有被对方提名的个体，即这些人没有被他人提名为朋友。所以，客观上这些人与同伴互动的频率应该是不高的。那么在同伴团体提名过程中，这些人也往往被人忽视。其结果是非团体成员具有自己提名单向友谊的人数显著多于团体成员（城市学校初三时）。

（四）友谊类型对社会适应的影响

1. 结果

（1）初一

表3—21为初一时不同友谊类型者在社会适应变量上的描述统计。以友谊类型为自变量、社会适应指标为因变量进行方差分析。

城市学校初一时，不同友谊类型的社会能力（教师评价）、亲社会行为差异显著（$F_{(2,234)} = 6.398$，$p = 0.000$；$F_{(2,234)} = 7.168$，$p = 0.000$），双向友谊个体的社会能力、亲社会行为显著高于其他三类友谊者。农村学校初一时，不同友谊类型的学业成就差异显著（$F_{(2,379)} = 8.075$，$p = 0.000$），双向友谊个体的学业成就显著高于其他三类友谊者。

表3—21　　　初一不同友谊类型者社会适应变量的均值及标准差

城市学校	社会能力（同伴评价）	攻击行为	社会能力（教师评价）	违纪/被排斥	焦虑退缩	亲社会行为	学业成就	友谊关系
双向友谊	0.103 (0.877)	0.065 (0.559)	3.138 (0.816)	2.19 (0.525)	1.77 (0.656)	3.835 (0.851)	0.229 (0.867)	4.272 (0.573)
他人提名单向友谊	0.026 (0.064)	0.023 (0.036)	2.877 (0.825)	2.345 (0.545)	1.765 (0.668)	3.525 (0.894)	-0.091 (1.021)	4.225 (0.554)

续表

城市学校	社会能力（同伴评价）	攻击行为	社会能力（教师评价）	违纪/被排斥	焦虑退缩	亲社会行为	学业成就	友谊关系
自己提名单向友谊	0.01 (0.017)	0.059 (0.102)	2.347 (0.651)	2.461 (0.613)	1.667 (0.608)	2.937 (0.83)	-0.456 (1.012)	3.992 (0.664)
无友谊	0.005 (0.005)	0.071 (0.088)	2.26 (0.712)	2.492 (0.602)	1.962 (1.102)	2.985 (0.945)	-0.571 (0.873)	4.219 (0.607)
农村	社会能力（同伴评价）	攻击行为	社会能力（教师评价）	违纪/被排斥	焦虑退缩	亲社会行为	学业成就	友谊关系
双向友谊	0.032 (0.046)	0.03 (0.055)	2.676 (0.809)	2.076 (0.453)	1.816 (0.586)	3.286 (0.873)	0.117 (0.796)	4.146 (0.568)
他人提名单向友谊	0.025 (0.045)	0.028 (0.058)	2.58 (0.797)	2.108 (0.5)	1.797 (0.555)	3.196 (0.889)	-0.177 (0.916)	4.147 (0.584)
自己提名单向友谊	0.01 (0.013)	0.024 (0.024)	2.46 (0.514)	2.074 (0.455)	1.579 (0.571)	2.92 (0.912)	-0.726 (0.698)	4.205 (0.706)
无友谊	0.006 (0.004)	0.054 (0.07)	2.712 (1.527)	2.162 (0.654)	1.308 (0.217)	2.857 (1.489)	-0.749 (0.575)	3.958 (0.473)

（2）初二

表3—22为初二时不同友谊类型者在社会适应变量上的描述统计。以友谊类型为自变量、社会适应指标为因变量进行方差分析。

方差分析结果显示，农村学校初二时，不同友谊类型的学业成就差异显著（$F_{(3,368)} = 6.744$，$p = 0.000$，$\eta^2 = 0.052$），双向友谊与他人提名单向友谊（$p = 0.024$）、自己提名单向友谊（$p = 0.000$）及无友谊（$p = 0.026$）学生的学业成就差异显著；他人提名单向友谊与自己提名单向友谊者学习成绩差异显著（$p = 0.027$）。

表3—22　　　初二不同友谊类型者社会适应变量的均值及标准差

		社会能力（同伴评价）	攻击行为	社会能力（教师评价）	违纪/被排斥	焦虑退缩	亲社会行为	学业成就	友谊关系
城市	双向友谊	0.014 (0.016)	0.021 (0.054)	2.706 (0.89)	2.358 (0.697)	1.915 (0.948)	3.388 (1.1)	0.064 (0.996)	4.291 (0.57)
	他人提名单向友谊	0.019 (0.037)	0.014 (0.032)	2.891 (0.866)	2.274 (0.56)	1.99 (0.856)	3.414 (0.853)	0.288 (0.874)	4.092 (0.664)
	自己提名单向友谊	0.008 (0.007)	0.006 (0.01)	3.233 (0.257)	2.706 (0.459)	2.611 (0.419)	3.143 (0.515)	0.507 (0.816)	3.792 (0.878)
	无友谊	0.013 (0.011)	0.007 (0.01)	2.6 (0.889)	2.757 (0.713)	2.458 (0.706)	2.946 (0.935)	0.325 (0.662)	4.391 (0.493)
农村	双向友谊	0.024 (0.044)	0.024 (0.049)	2.828 (0.777)	2.228 (0.525)	1.903 (0.667)	3.343 (0.736)	0.017 (0.851)	4.148 (0.501)
	他人提名单向友谊	0.024 (0.042)	0.025 (0.055)	2.823 (0.883)	2.277 (0.489)	1.957 (0.715)	3.387 (0.821)	−0.217 (0.855)	4.076 (0.481)
	自己提名单向友谊	0.022 (0.036)	0.023 (0.025)	2.567 (0.869)	2.292 (0.5)	1.952 (0.582)	3.247 (0.82)	−0.632 (0.589)	4.149 (0.487)
	无友谊	0.013 (0.011)	0.005 (0.008)	2.909 (0.72)	2.299 (0.648)	1.833 (0.675)	3.649 (0.776)	−0.564 (0.967)	4.182 (0.616)

（3）初三

表3—23 为初三时不同友谊类型者在社会适应变量上的描述统计。以友谊类型为自变量、社会适应指标为因变量进行方差分析。

方差分析结果显示，城市学校中不同友谊类型的攻击行为差异显著（$F_{(3,190)} = 4.223$，$p = 0.006$，$\eta^2 = 0.063$），自己提名单向友谊者的攻击行为分数最高，显著高于其他三类友谊者。不同友谊类型的社会能力差异显著（$F_{(3,190)} = 5.634$，$p = 0.001$，$\eta^2 = 0.082$），双向友谊者分数最高，自己提名单向友谊者的分数最低。不同友谊类型的焦虑退缩差异显著（$F_{(3,190)} = 3.186$，$p = 0.025$，$\eta^2 = 0.048$），自己提名单向友谊者的分数最高，无友谊者次之。不同友谊类型的亲社会行为（教师评价）差异显著（$F_{(3,190)} = 7.080$，$p = 0.000$，$\eta^2 = 0.101$），双向友谊者分数最高，自己提名单向友谊者分数最低。

农村学校中不同友谊类型社会能力（同伴评价）（$F_{(3,360)} = 3.165$，$p = 0.025$，$\eta^2 = 0.026$）差异显著，双向友谊者的分数最高，显著高于其他三类友谊者。不同友谊类型的同伴评价的社会能力（$F_{(3,360)} = 7.146$，$p = 0.000$，$\eta^2 = 0.056$）差异显著，双向友谊者的分数显著高于其他三类友谊者。不同友谊类型的违纪/被排斥（$F_{(3,360)} = 4.116$，$p = 0.007$，$\eta^2 = 0.033$）差异显著，自己提名单向友谊者的分数最高。不同友谊类型的焦虑退缩（$F_{(3,360)} = 4.181$，$p = 0.006$，$\eta^2 = 0.034$）差异显著，自己提名单向友谊者的分数最高。不同友谊类型的亲社会行为（$F_{(3,360)} = 4.057$，$p = 0.007$，$\eta^2 = 0.033$）差异显著，双向友谊者和他人提名单向友谊者的分数显著高于其他两类友谊者。不同友谊类型的学业成就（$F_{(3,360)} = 8.640$，$p = 0.000$，$\eta^2 = 0.067$）差异显著，双向友谊者的分数最高，他人提名单向友谊者次之，双向友谊者和他人提名单向友谊者的分数显著高于其他两类友谊者。不同友谊类型的友谊关系（$F_{(3,360)} = 4.066$，$p = 0.007$，$\eta^2 = 0.033$）差异显著，双向友谊者的分数最高且显著高于无友谊者。

表3—23　　初三不同友谊类型者社会适应变量的均值及标准差

城市学校	双向友谊	他人提名单向友谊	自己提名单向友谊	无友谊	F	η^2
社会能力（同伴评价）	0.021 (0.035)	0.019 (0.039)	0.012 (0.018)	0.003 (0.003)	0.332	0.005
攻击行为	0.017 (0.029)	0.015 (0.019)	0.046 (0.06)	0.004 (0.004)	4.223**	0.063

续表

城市学校	双向友谊	他人提名单向友谊	自己提名单向友谊	无友谊	F	η^2
社会能力（教师评价）	3.624 (0.774)	3.171 (0.907)	2.815 (1.071)	3.3 (1.626)	5.634**	0.082
违纪/被排斥	2.1 (0.279)	2.152 (0.405)	2.335 (0.348)	1.971 (0.374)	1.627	0.025
焦虑退缩	1.847 (0.421)	1.722 (0.497)	2.2 (1.045)	2 (0.236)	3.186**	0.048
亲社会行为	4.163 (0.654)	3.776 (0.82)	3.212 (1.074)	3.5 (1.717)	7.080**	0.101
学业成就	0.174 (0.977)	−0.161 (0.984)	−0.769 (0.894)	−0.731 (0.623)	4.111**	0.061
友谊关系	4.158 (0.454)	4.121 (0.597)	4.063 (0.511)	4.75 (0)	1.033	0.016
农村学校	双向友谊	他人提名单向友谊	自己提名单向友谊	无友谊	F	η^2
社会能力（同伴评价）	0.031 (0.054)	0.02 (0.029)	0.008 (0.006)	0.008 (0.009)	3.165*	0.026
攻击行为	0.024 (0.051)	0.016 (0.022)	0.038 (0.078)	0.012 (0.005)	1.769	0.015
社会能力（教师评价）	3.015 (0.663)	2.805 (0.758)	2.422 (0.636)	2.836 (0.537)	7.146***	0.056
违纪/被排斥	2.303 (0.499)	2.254 (0.5)	2.623 (0.521)	2.454 (0.439)	4.116**	0.033
焦虑退缩	1.913 (0.579)	1.785 (0.524)	2.204 (0.753)	2.167 (0.861)	4.181**	0.034
亲社会行为	3.496 (0.621)	3.474 (0.637)	3.053 (0.737)	3.306 (0.762)	4.057**	0.033
学业成就	0.145 (0.826)	0.023 (0.737)	−0.592 (0.603)	−0.565 (0.497)	8.640***	0.067
友谊关系	4.164 (0.451)	4.083 (0.447)	3.917 (0.569)	3.75 (0.787)	4.066**	0.033

（4）初四

表3—24为初四时不同友谊类型者在社会适应变量上的描述统计。以友谊类型为自变量、社会适应指标为因变量进行方差分析。

方差分析结果显示，城市学校不同友谊类型的学业成就差异显著（$F_{(3,368)} = 3.064$，$p = 0.04$，$\eta^2 = 0.058$），双向友谊者的学业成就显著高于其他类别友谊者。

表3—24　初四不同友谊类型者社会适应指标的均值及标准差

城市学校	双向友谊	他人提名单向友谊	自己提名单向友谊	无友谊	F	η^2
社会能力（同伴评价）	0.02 (0.034)	0.019 (0.056)	0.003 (0.004)	0 (0.001)	0.334	0.007
攻击行为	0.02 (0.031)	0.013 (0.042)	0.028 (0.04)	0 (0)	0.577	0.011
社会能力（教师评价）	3.067 (0.64)	3.215 (0.821)	2.668 (0.558)	2.967 (0.115)	1.420	0.028
违纪/被排斥	2.226 (0.417)	2.338 (0.45)	2.561 (0.54)	2.392 (0.238)	1.035	0.020
焦虑退缩	1.762 (0.547)	1.8 (0.584)	1.848 (0.529)	1.667 (0.289)	0.093	0.002
亲社会行为	3.723 (0.705)	3.75 (0.713)	3.104 (0.596)	3.619 (0.218)	2.199	0.042
学业成就	0.293 (0.772)	0.167 (0.961)	−0.786 (0.692)	−0.342 (1.186)	3.064 *	0.058
友谊关系	4.22 (0.559)	4.154 (0.578)	3.818 (0.469)	4.125 (0.82)	1.269	0.025
农村学校	双向友谊	他人提名单向友谊	自己提名单向友谊	无友谊	F	η^2
社会能力（同伴评价）	0.033 (0.034)	0.03 (0.043)	0.031 (0.079)	0.018 (0.018)	0.161	0.002
攻击行为	0.018 (0.027)	0.023 (0.037)	0.054 (0.111)	0.013 (0.02)	1.800	0.024

续表

农村学校	双向友谊	他人提名单向友谊	自己提名单向友谊	无友谊	F	η^2
社会能力（教师评价）	2.886（0.647）	2.866（0.787）	2.682（0.905）	2.994（0.633）	0.778	0.010
违纪/被排斥	2.209（0.459）	2.207（0.45）	2.385（0.472）	1.919（0.178）	1.353	0.018
焦虑退缩	1.773（0.49）	1.709（0.553）	1.818（0.78）	1.75（0.84）	0.170	0.002
亲社会行为	3.364（0.791）	3.429（0.791）	3.468（0.975）	3.754（0.785）	0.632	0.009
学业成就	-0.295（0.935）	-0.027（0.721）	-0.497（0.806）	0.12（0.99）	1.486	0.020
友谊关系	4.273（0.612）	4.144（0.487）	4.25（0.481）	4.141（0.58）	0.910	0.012

2. 讨论

研究结果显示，双向友谊类型者在社会适应的积极指标——社会能力、亲社会行为、学业成就方面分数高。自己提名单向友谊类型者的社会能力、亲社会行为分数低，社会适应的消极指标——攻击行为、焦虑退缩、违纪/被排斥分数高。

总体来看，双向友谊类型者的社会适应最好，他人提名单向友谊类型者次之，适应最差的是自己提名单向友谊类型者。由于无友谊类型者人数非常少，讨论部分不关注这类被试者。

双向友谊类型者是交往双方相互提名为朋友者。通常情况下，一个人被他人提名为朋友者，应该具有积极的行为特征，或者多数行为表现是积极的。如果是相互提名者，说明双方都具有积极的特征。所以，双向友谊类型者的社会适应最好。

美国心理学家布朗芬布伦纳（Bronfenbrenner，1979）提出的儿童发展生态学模型认为，儿童发展的生态环境由若干相互联系、相互作用的系统组成。系统由内而外分别是微观系统、中间系统、外层系统和宏系统构成。其中微系统是个体直接体验到的环境，包括家庭与学校中的活动、角色及人际关系，微环境中的重要他人（老师、父母、同伴）是影响儿童发展的重要因素。这种影响作用主要是通过个体与他人的相互作用和参与活动这两种过程来实现的。双向友谊者互认为朋友，朋友间的交往、互动频率高，必然存在着相互影响。双向友谊类型者，原本就是具有积极行为的两个个体，他们之间的相互影响会朝向更积极的方向发展。

萨利文（Sullivan）认为，人有一系列基本的社会需要，包括安全依恋、游戏陪伴、社会接纳、亲密以及异性联系等。青少年时期，他们满足上述需要的对象由父母转向同龄人，对朋友和友谊的需要更为强烈。青少年愿意与朋友分享秘密，拥有值得信赖的亲密朋友能够增强青少年的安全感、接纳感；为朋友分忧解难，为他人提供帮助和支持，使青少年体验到自我价值感。这些感受，使青少年具有了健康、积极的心态，更容易在学习和社交中表现出积极的行为。友谊是互惠式的关系，建立和维持这种互惠试的关系需要青少年具备较强的社会能力，何时自我披露、如何安慰朋友、怎样解除误会……所有这些，都需要青少年发展出复杂的观点采择、移情以及社会问题解决等技能。可见，友谊可以促进青少年社会性及情感方面的发展，从而促进个体的积极社会适应。

在学习情境中，拥有朋友、高质量的友谊，能够为个体在学校中提供情感支持、增强归属感，使个体更愿意参与到学校活动中去。在中国的文化背景下，朋友间更多地进行学习互动，这些都有助于提高个体的学业成就。所以，双向友谊者的社会适应最好。

他人提名友谊和自己提名友谊，都属于单向友谊，但是两者的社会适应存在差异，他人提名友谊类型者的社会适应水平好于自己提名友谊者。他人提名友谊者是指那些被同伴提名为朋友而自己没有提名对方者，这是用客观指标区分的友谊类型；自己提名友谊者是指那些自己提名同伴而没有被对方提名的友谊者，这是用主观指标区分出的友谊类型。被他人提名为朋友者，显然是被同伴接纳的，反映了群体对个体的接纳态度。被他人接纳的个体通常具有积极的行为特征和表现。而自己提名友谊者反映的是个体主观的态度，能否被其他个体接受有待检验。自我认知晚于对他人认知的出现，所以，自我认知的水平低于对他人的认知；由于认知主客体的统一，自我认知的水平要低于对作为客体的他人的认知。所以，自己提名友谊者的认知可能存在偏差，无法反映群体对个体的准确态度。因此，他人提名友谊类型者的社会适应水平好于自己提名友谊者。

参考文献

郑淑杰：《儿童社会性发展与培养》，中国社会科学出版社 2012 年版。

Asendorpf J. B. (1990). Beyond Social Withdrawal: Shyness, Unsociability and Peer Avoidance. *Human Development*, 33 (4 – 5), pp. 250 – 259.

Asher S. R. & Dodge K. H. (1986). Identifying Children Who are Rejected by Their Peers. *Developmental Psychology*, 22 (4), pp. 444 – 449.

Bellmorea A. (2011). Peer Rejection and Unpopularity: Associations with GP As Across the Transition to Middle School. *Journal of Educational Psychology*, 103 (2), pp. 282 – 295.

Burk W. J. & Laursen B. (2005). Adolescent Perceptions of Friendship and Their Associations with Individual Adjustment. *International Journal of Behavioral Development*, 29 (2), pp. 156 – 164.

Buhs E. S., Ladd G. W. & Herald S. L. (2006). Peer Exclusion and Victimization: Processes That Mediate the Relation Between Peer Group Rejection and Children's Classroom Engagement and Achievement. *Journal of Educational Psychology*, 98 (5), pp. 1 – 13.

Bukowski W. M., Sippola L., Hoza B. & Newcomb A. F. (2000). Pages from a Sociometric Notebook: Ananalysis of Nomination and Rating Scale Measures of Acceptance, Rejection and Social Preference. In A. H. N. Cillessen & W. M. Bukowski (Eds.), *Recent Advances in the Measurement of Acceptance and Rejection in the Peer System* (pp. 11 – 26), New Directions for Child and Adolescent Development, 88. San Francisco: Jossey-Bass.

Cillessen A. H. N. , Bukowski W. M. & Haselager G. T. (2000). Stability of Dimensions and Types of Sociometric Status. In A. H. N. Cillessen & W. M. Bukowski (Eds.), *Recent Advances in the Measurement of Acceptance and Rejection in the Peer System* (pp. 75 – 93), New Directions for Child and Adolescent Development, 88. San Francisco: Jossey-Bass.

Cuadros O. & Berger C. (2016). The Protective Role of Friendship Quality on the Well-being of Adolescents Victimized by Peers. *Journal of Youth and Adolescence*, 45 (9), pp. 1877 – 1888.

Crosnoe R. , Cavanagh S. & Elder G. H. (2003). Adolescent Friendship as Academic Resources: The Intersection of Friendship, Race and School Disadvantage. *Sociological Perspectives*, 46 (3), pp. 331 – 352.

Coie J. D. & Dodge K. A. (1983). Continuities and Changes in Children's Social Status: A Five-year Longitudinal Study. *Merrill-Palmer Quarterly*, 29 (3), pp. 261 – 282.

Coie J. D. , Dodge K. A. & Coppotelli H. (1982). Dimensions and Types of Social Status: A Crossage Perspective. *Developmental Psychology*, 18 (4), pp. 557 – 570.

Chen X. Y. & French D. C. (2008). Children's Social Competence in Cultural Context. *Annual Review of Psychology*, 59 (1), 591 – 616.

Crick N. R. & Ladd G. W. (1989). Nominator attrition: Does it Affect the Accuracy of Children's Sociometric Classifications? *Merrill-Palmer Quarterly*, 35 (2), pp. 197 – 207.

Coie J. , Terry R. , Lenox K. , Lochman J. & Hyman C. (1995). Childhood Peer Rejection and Aggression as Predictors of Stable Patterns of Adolescent Disorder. *Development and Psychopathology*, 7 (4), pp. 697 – 713.

Crawforda A. M. & Manassisb K. (2011). Anxiety, Social Skills, Friendship Quality, and Peer Victimization: An Integrated Model. *Journal of Anxiety Disorders* 25 (7), pp. 924 – 931.

Erath S. A. , Flanagan K. S. & Bierman K. L. (2008). Early Adolescent School Adjustment: Associations with Friendship and Peer Victimization. *Social Development*, 17 (4), pp. 853 – 870.

Franken A. , Moffitt T. E. , Steglich C. E. G. , Dijkstra K. J. , Harakeh Z. & Vollebergh W. A. M. (2016). The Role of Self-control and Early Adolescents' Friendships in the Development of Externalizing Behavior: The SNARE Study. *Journal of Youth and Adolescence*, 45 (9), pp. 1800 – 1811.

Gaertner A. E. , Fite P. J. & Colder C. R. (2010). Parenting and Friendship Quality as Predictors of Internalizing and Externalizing Symptoms in Early Adolescence. *Journal of Child and Family Studies*, 19 (1), pp. 101 – 108.

Greca A. M. L. & Harrison H. M. (2005). Adolescent Peer Relations, Friendships, and Romantic Relationships: Do They Predict Social Anxiety and Depression? *Journal of Clinical Child and Adolescent Psychology*, 34 (1), pp. 49 – 61.

Hymel S. , Comfort C. , Schonert-Reichl K. & Mcdougall P. (1996). Academic Failure and School Dropout: The Influence of Peers. In K. Wentzel & J. Juvonen (Eds.), *Social Motivation: Understanding Children's School Adjustment* (pp. 313 – 345). New York: Cambridge University Press.

Janosz M. , Blanc M. L. , Boulerice B. & Tremblay R. E. (2000). Predicting Different Types of School Dropouts: A Typological Approach with Two Longitudinal Samples. *Journal of Educational Psychology*, 92 (1), pp. 171 – 190.

Kupersmidt J. B. , Burchinal M. & Patterson, C. J. (1995). Developmental Patterns of Childhood Peer Relation as Predictors of Externalizing Behavior Problems. *Development and Psychopathology*, 7 (4), pp. 825 – 843.

Kupersmidt J. B. & Coie J. D. (1990). Preadolescent Peer Status, Aggression and School Adjustment as Predictors of Externalizing Problemsin Adolescence. *Child Development*, 61 (5), pp. 1350 – 1362.

Kawabata Y. , Crick N. R. & Hamaguchi Y. (2010). Forms of Aggression, Social-psychological Adjustment, and Peer Victimization in a Japanese Sample: The Moderating Role of Positive and Negative Friendship Quality. *Journal of Abnormal Child Psychology*, 38 (4), pp. 471 – 484.

Kingery J. N. , Erdley C. A. , & Marshall K. C. (2011). Peer Acceptance and Friendship as Predictors of Early Adolescents' Adjustment Across the Middle School Transition. *Merrill-Palmer Quarterly*, 57 (3), pp. 215 – 243.

Kohlberg L. , LaCrosse J. & Ricks D. (1972). The Predictability of Adult Mental

Health from Childhood Behavior. In B. B. Wolman (Ed.), *Manual of Child Psychopathology* (*pp.* 1217 - 1284). New York: McGraw-Hill.

Ladd G. W., Kochenderfer B. J. & Coleman C. C. (1996). Friendship Quality as a Predictor of Children's Early School Adjustment. *Child Development*, 67 (3), pp. 1103 - 1118.

Lubbers M. J., Werf M. P. C. V. D., Snijders T. A. B., Bert P. M., Creemers B. P. M. & Kuyper H. (2006). The Impact of Peer Relations on Academic Progress in Junior High. *Journal of School Psychology*, 44 (6), pp. 491 - 512.

Mcdougall P., Hymel S., Vaillancourt T. & Mercer L. (2001). The Consequences of Childhood Peer Rejection. In M. Leary (Ed.), *Interpersonal Rejection*. London: Oxford University Press.

Moore S. & Udpegraff R. (1964). Sociometric Status of Preschool Children Related to Age, Sex, Nurturance-giving, and Dependency. *Child Development*, 35 (2), pp. 519 - 524.

Maassen G. H., Van J. L., Goossens F. A. & Bokhorst J. (2000). A Ratings-based Approach to Two-dimensional Sociometric Status Determination. In A. H. N. Cillessen & W. M. Bukowski (Eds.), *Recent Advances in the Study and Measurement of Acceptance and Rejection in the Peer System* (pp. 55 - 73), New Directions for Child and Adolescent Development, 88, San Francisco: Jossey-Bass.

Newcomb A. F. & Bukowski W. M. (1983). Social Impact and Social Preference as Determinants of Children's Peer Group Status. *Developmental Psychology*, 19 (6), pp. 856 - 867.

Nighof K. S., Scholte R. H. J., Overbeek G. & Engels R. C. M. E. (2010). Friends' and Adolescents' Delinquency: The Moderating Role of Social Status and Reciprocity of Friendships. *Criminal Justice and Behavior*, 37 (3), pp. 289 - 305.

Peery J. (1979). Popular, Amiable, Isolated, Rejected: A Reconceptualization of Sociometric Status in Preschool Children. *Child Development*, 50 (4), pp. 1231 - 1234.

Parker J. G. & Asher S. R. (1987). Peer Relations and Later Personal Adjustment: Are Low-accepted Children at Risk? *Psychological Bulletin*, 102 (3), pp. 357 - 389.

Robins L. N. (1966). Deviant Children Grown Up. Baltimore, MD: Williams & Wilkins. Rubin K. H., Stewart S. L. (1996). Social Withdrawal. In Mash, E. J. & Barkley, R. A. (Eds.), *Child Psychology* (pp. 277 - 307). The Guilford Press.

Rubin K. H. , Bukowski W. & Parker J. G. (1998). Peer Interactions, Relationships and Groups. In W. Damon (Series Ed.) & N. Eisenberg (Vol. Ed.), *Handbook of Child Psychology*: Vol. 3, *Social Emotional and Personality Development* (5th ed. , pp. 619 – 700). New York: Wiley.

Rubin K. H. , Dwyer K. M. , Kim A. H. , Burgess K. B. , Booth-La Force C. & Rose-Krasnor L. (2004). Attachment, Friendship, and Psychosocial Functioning in Early Adolescence. *Journal of Early Adolescence*, 24 (4), pp. 326 – 356.

Roff M. , Sells S. B. & Golden M. M. (1972). *Social Adjustment and Personality Development in Children.* Minneapolis, MN: University of Minnesota Press.

Terry R. (2000). Recent Advances in Measurement Theory and the Use of Sociometric Techniques. In A. H. N. Cillssen & W. M. Bukowskii (Eds.), *Recent Advances in the Measurement of Acceptance and Rejection in the Peer System*, *New Direction for Child and Adolescent*, 88. San Franciscco: Jossey-Bass.

Terry R. & Coie J. D. (1991). A Comparison of Methods for Defining Sociometric Status Among Children. *Developmental Psychology*, 27 (5), pp. 867 – 880.

Teja Z. & Schonert-Reichl K. A. (2013). Peer Relations of Chinese Adolescent Newcomers: Relations of Peer Group Integration and Friendship Quality to Psychological and School Adjustment. *Journal of International Migration and Integration*, 14 (3), pp. 535 – 556.

Tomada G. , Schneider B. H. , Domini P. , Greenman P. S. & Fonzi A. (2005). Friendship As a Predictor of Adjustment Following a Transition to Formal Academic Instruction and Evaluation. *International Journal of Behavioral Development*, 29 (4), pp. 314 – 322.

Valas H. & Sletta, O. (1996). Social Behavior, Peer Relations, Loneliness and Self-perceptions in Middle School Children: A Mediational Model. Paper Presented at the XIVth biennial Meeting of the International Society for the Study of Behavioral Development, Quebec City, Canada.

Véronneaua M. H. , Vitarob F. , Brendgenc M. , Dishione T. J. & Tremblayf, R. E. (2010). Transactional Analysis of the Reciprocal Links Between Peer Experiences and Academic Achievement from Middle Childhood to Early Adolescence. *Developmental Psychology*, 46 (4), pp. 773 – 790.

Wentzel K. R. (2005). Peer Relationships Motivation and Academic Performance at School. In A. J. Elliot & C. S. Dweck (Eds.), *Handbook of Competence and Motivation* (pp. 279 –296). New York: Guiford.

Wilkinson R. B. (2010). Best Friend Attachment Versus Peer Attachment in the Prediction of Adolescent Psychological Adjustment. *Journal of Adolescence*, 33 (5), pp. 709 – 717.

Wentzel K. R., Barry C. M. & Caldwell K. A. (2004). Friendships in Middle School: Influences on Motivation and School Adjustment. *Journal of Educational Psychology*, 96 (2), pp. 195 –203.

Woods S., Done J. & Kalsi H. (2009). Peer Victimisation and Internalising Difficulties: The Moderating Role of Friendship Quality. *Journal of Adolescence*, 32 (2), pp. 293 – 308.

Wissink I. B., Deković M. & Meijer A. M. (2009). Adolescent Friendship Relations and Developmental Outcomes: Ethnic and Gender Differences. *Journal of Early Adolescence*, 29 (3), pp. 405 –425.

附　　录

附录 A　同伴团体提名

1. 你是否经常和你班级里的某些人待在一起？

A. 是　　　B. 否　　　（请选择，在字母上画"○"即可）

如果选择"是"，请写出他们的号码（每个学生有一个号码）：

2. 你们班里是否还有别的人经常待在一起，形成一个小圈子？如果有，请分别写出每个小圈子所包括的人的号码。

圈子一　　　　　　　　　　请写出他们的号码：

圈子二　　　　　　　　　　请写出他们的号码：

圈子三　　　　　　　　请写出他们的号码：

附录 B　班级戏剧

下面，我们班级里要表演一台戏剧。这台戏里有很多角色，你认为由谁来扮演这些角色最合适？请根据每一个题目描述的特征，考虑一下班里的同学谁跟这个角色最像，然后将他/她的号码写在后面的空格里。如果你认为有几个人与这个角色都比较像，你应把这几个人的号码都写上（最多可以写三个人）。如果你想让某一个人扮演两个或几个角色，那也可以。如果你觉得某一个角色，你们班没有人能扮演，那就将它空着，我们以后到其他班级去借一个人来演。请不要相互讨论。另外，结束后，希望你们对自己的回答保密，也不要询问别人是怎么填的。

1	好领导			
2	经常和别人打架			
3	不愿和别人一起玩，宁愿一个人玩			
4	有很多好主意			
5	容易发脾气			
6	对自己严格要求			
7	你可以信任的人			
8	经常打断别人谈话			
9	有很多朋友			
10	和别人轮流玩一件东西时，能耐心等待			
11	感情容易受到伤害			
12	别人都听他/她的话			

13	自觉遵守课堂纪律			
14	你喜欢和他/她在一起玩			
15	主动寻找自己身上的缺点			
16	能安慰痛苦或难过的人			
17	愿意发表自己的观点			
18	喜欢在背后说别人坏话			
19	非常害羞			
20	对别人很礼貌			
21	你最不喜欢和他/她在一起			
22	容易交上新朋友			
23	很霸道（对别人很凶，称王称霸）			
24	别人经常把他/她排除在外，不和他/她玩			
25	你的好朋友			
26	乐于助人			
27	平时总是很伤心			
28	别人都喜欢和他/她在一起			
29	很难交到朋友			
30	总是喜欢招惹别人			
31	经常被别人骂			
32	很谦虚，不骄傲			
33	经常欺负别人			
34	做事情时，注意力集中，不分心			
35	喜欢和别人一起玩，不喜欢一个人玩			
36	关心别人，爱护照顾别人			
37	总是打打闹闹招惹别人			
38	做什么事都很紧张不安			
39	经常被别人欺负			
40	集体活动时，能遵守纪律			
41	遇到问题，能自己处理、解决，不依赖别人			
42	经常被人打			
43	不喜欢另一个人时，就不让别人和这个人玩			
44	他/她说话别人不听从			
45	遇到困难时，能坚持下去，直到成功			

附录 C 教师评价量表

学生姓名：

请考虑下面的项目符合这个学生的实际情况，每个项目后面有表示符合程度的 5 个数字，请在相应的数字上画一个圈"○"。

1 = 完全不符合　2 = 有些符合　3 = 中等符合　4 = 比较符合
5 = 完全符合

1. 有领导能力，在同学中有威信	1 2 3 4 5
2. 坚持主见，不随大流	1 2 3 4 5
3. 在班上调皮捣蛋	1 2 3 4 5
4. 学习潜力没有发挥出来	1 2 3 4 5
5. 做什么事都主动、积极	1 2 3 4 5
6. 不喜欢和别人一起玩	1 2 3 4 5
7. 坐立不安，很难安静下来	1 2 3 4 5
8. 有很多朋友	1 2 3 4 5
9. 不在乎别人的招惹	1 2 3 4 5
10. 对同伴友好	1 2 3 4 5
11. 害羞、腼腆	1 2 3 4 5
12. 上课东张西望，做小动作	1 2 3 4 5
13. 别人学习时，扰乱别人	1 2 3 4 5
14. 能承受不如意的事情	1 2 3 4 5
15. 关心别人，爱护照顾别人	1 2 3 4 5
16. 忧虑、担心	1 2 3 4 5
17. 上课时不能集中注意力	1 2 3 4 5
18. 别人经常打他/她	1 2 3 4 5

19. 自觉遵守课堂纪律	1 2 3 4 5
20. 会体贴、安慰别人	1 2 3 4 5
21. 总是想吸引别人的注意力	1 2 3 4 5
22. 紧张不安	1 2 3 4 5
23. 经常攻击同伴（打架）	1 2 3 4 5
24. 对于老师的指导听不大懂	1 2 3 4 5
25. 喜欢和别人一起玩，不喜欢一个人玩	1 2 3 4 5
26. 对自己严格要求	1 2 3 4 5
27. 不表露自己的感情和情绪	1 2 3 4 5
28. 容易和别人交朋友	1 2 3 4 5
29. 失败了也不灰心丧气	1 2 3 4 5
30. 乐于助人	1 2 3 4 5
31. 学习动机不强	1 2 3 4 5
32. 固执、倔强	1 2 3 4 5
33. 愿意发表自己的观点	1 2 3 4 5
34. 不快乐，精神压抑	1 2 3 4 5
35. 集体活动时，能遵守纪律	1 2 3 4 5
36. 语文、数学、外语等主要功课的成绩不好	1 2 3 4 5
37. 能经受挫折	1 2 3 4 5
38. 主动寻找自己身上的缺点	1 2 3 4 5
39. 同学都很喜欢他/她	1 2 3 4 5
40. 遇到问题，能自己解决，不依赖别人	1 2 3 4 5
41. 同学喜欢围在她/他的身边	1 2 3 4 5
42. 胆小，害怕	1 2 3 4 5
43. 主动和别人交朋友	1 2 3 4 5
44 常受别人欺负	1 2 3 4 5
45. 积极参加学校的各种活动	1 2 3 4 5

46. 主动做自我批评　　　　　　　　　　　1　2　3　4　5

47. 别人经常把他/她排除在外，不和他/她玩　1　2　3　4　5

48. 做事情时，注意力集中，不分心　　　　1　2　3　4　5

49. 独立性强　　　　　　　　　　　　　　1　2　3　4　5

50. 谦虚，不满足于现状　　　　　　　　　1　2　3　4　5

51. 别人经常骂他/她，侮辱他/她　　　　　1　2　3　4　5

52. 遇到困难时，能坚持下去，直到成功　　1　2　3　4　5

附录 D　人际关系问卷

父母、朋友对于每一个人都是很重要的，我们想询问一些有关你和你的父母以及最好朋友的关系问题，这些问题完全是为了科学研究，请你实事求是地填写，谢谢！

请仔细阅读下面的问题，然后根据你过去三个月的情形做答，在相应的数字上画一个圈"○"。

1. 你和他/她争吵吗？

	从不争吵	很少争吵	有时争吵	经常争吵	总是争吵
母亲	1	2	3	4	5
父亲	1	2	3	4	5
最好的朋友	1	2	3	4	5

2. 你喜欢和他/她在一起吗？

	根本不喜欢	喜欢一点	有些喜欢	喜欢	非常喜欢
母亲	1	2	3	4	5
父亲	1	2	3	4	5
最好的朋友	1	2	3	4	5

3. 你对他/她满意吗?

	根本不满意	满意一点	有些满意	满意	非常满意
母亲	1	2	3	4	5
父亲	1	2	3	4	5
最好的朋友	1	2	3	4	5

4. 你和他/她互相生气吗?

	从不生气	很少生气	有时生气	经常生气	总是生气
母亲	1	2	3	4	5
父亲	1	2	3	4	5
最好的朋友	1	2	3	4	5

5. 你和他/她发生矛盾吗?

	从不	很少	有时	经常	总是
母亲	1	2	3	4	5
父亲	1	2	3	4	5
最好的朋友	1	2	3	4	5

6. 你和他/她感情亲密吗?

	根本不亲密	不怎么亲密	有些亲密	亲密	非常亲密
母亲	1	2	3	4	5
父亲	1	2	3	4	5
最好的朋友	1	2	3	4	5

7. 你和他/她在一起的时候，感觉合得来吗?

	合不来	不怎么合得来	有时合得来	合得来	非常合得来
母亲	1	2	3	4	5
父亲	1	2	3	4	5
最好的朋友	1	2	3	4	5

8. 你能把心里话告诉他/她吗?

	从不告诉	很少告诉	有时告诉	经常告诉	总是告诉
母亲	1	2	3	4	5
父亲	1	2	3	4	5
最好的朋友	1	2	3	4	5

附录 E

请考虑下面的项目符合这个学生的实际情况,每个项目后面有表示符合程度的 5 个数字,请在相应的数字上画一个圈 "〇"。

1 = 完全不符合　2 = 不太符合　3 = 有时符合　4 = 比较符合
5 = 非常符合

1. 我在学校容易交上新朋友。　　　　　1　2　3　4　5

2. 我找不到人谈话。　　　　　　　　　1　2　3　4　5

3. 我善于和别的同学在一起学习。　　　1　2　3　4　5

4. 我不容易交上朋友。　　　　　　　　1　2　3　4　5

5. 我有很多朋友。　　　　　　　　　　1　2　3　4　5

6. 我感到孤独。　　　　　　　　　　　1　2　3　4　5

7. 当我需要朋友时，我就可以找到一个朋友。 1　2　3　4　5

8. 我很难让别的同学喜欢我。 1　2　3　4　5

9. 没有什么人和我一起玩。 1　2　3　4　5

10. 我与别的同学相处得很好。 1　2　3　4　5

11. 我感到别人不愿意和我一起玩。 1　2　3　4　5

12. 当我需要帮助时，没有人会帮助我。 1　2　3　4　5

13. 我和别的同学合不来。 1　2　3　4　5

14. 我总是单独一个人。 1　2　3　4　5

15. 班里同学都喜欢我。 1　2　3　4　5

16. 我没有任何朋友。 1　2　3　4　5

附录 F

下面列出了各种各样的感情体验，共有 13 组，每组包括 3 个句子。请仔细阅读每一组中的每一句，然后根据你在过去两个星期里的实际情况，从每一组中选出一句最符合或者最接近你的想法和感受的句子，在边上画一个圈"〇"。

下面我们先来试一下，请在最符合你的情况的句子边上画一个圈"〇"。

例如：___〇___我所有的时间都在读书。

_____我有时读点书。

_____我从来不读书。

1. _____我偶尔不高兴。

_____我经常不高兴。

_____我总是不高兴。

2. _____我的情况糟糕透了，以后也不会好起来。

　　_____我不知道我的情况会不会好起来。

　　_____我相信我的情况会好起来的。

3. _____很多事情我都能做好。

　　_____我经常做错事。

　　_____我总是做错事。

4. _____我认为我偶尔会有一些倒霉事。

　　_____我担心我可能会遇到倒霉事。

　　_____我肯定不久就要遇到倒霉事。

5. _____我恨我自己。

　　_____我不大喜欢我自己。

　　_____我喜欢我自己。

6. _____我每天想哭。

　　_____我过几天就想哭。

　　_____我偶尔想哭。

7. _____总是有使我烦恼的事。

　　_____经常有使我烦恼的事。

　　_____偶尔有使我烦恼的事。

8. _____我喜欢和别人在一起。

　　_____我不太喜欢和别人在一起。

　　_____我从来不想和别人在一起。

9. _____我长相还可以。

_____我的外表有些变化，使我变得不太好看。

_____我长得不好看。

10. _____我不感到孤独。

_____我经常感到孤独。

_____我一直感到孤独。

11. _____我有很多朋友。

_____我有一些朋友。

_____我没有任何朋友。

12. _____我一直没有其他孩子好。

_____如果我想好，我可以和其他孩子一样好。

_____我木来就和其他孩子一样好。

13. _____没有人真正喜欢我。

_____我不知道有没有人喜欢我。

_____我肯定有人喜欢我。

附录 G

你在班上有好朋友吗？

A. 有　B. 没有　（请选择，在字母上画"○"即可）

如果你选择了"有"，请写出他们的号码和性别（在性别上画"○"）

第一好朋友：　号码_____　　　性别：　男　　　女

第二好朋友：   号码_____   性别：   男   女

第三好朋友：   号码_____   性别：   男   女

第四好朋友：   号码_____   性别：   男   女

第五好朋友：   号码_____   性别：   男   女